AF305786

ORDONNANCE
DE LOUIS XV.
ROY DE FRANCE ET DE NAVARRE.

*Concernant le Faux Principal, & Faux Incident; &
la Reconnoiffance des Efcritures & Signatures,
en matiere criminelle.*

Donnée à Verfailles au mois de Juillet 1737.

Regiftrée en Parlement le 11. Decembre 1737.

LOUIS, PAR LA GRACE DE DIEU, ROY DE
FRANCE ET DE NAVARRE: A tous prefens
& à venir, SALUT. Le feu Roy noftre très-
honoré feigneur & bifayeul, crut ne pouvoir rien
faire de plus avantageux pour fes Sujets, que de
renfermer dans un corps de loix, toutes les regles de la procedure civile & criminelle; & cet ouvrage a efté regardé
comme un de ceux qui ont le plus contribué à immortalifer
la gloire de fon regne. Les difficultez qui fe prefenterent dans

A

l'execution de fes ordonnances, ne fervirent qu'à redoubler fon attention pour fuppléer ce qui pouvoit y manquer, & pour les porter, par des declarations pofterieures, à une plus grande perfection. Mais outre que ces loix particulieres n'ont pas efté réünies jufqu'à prefent, pour ne former qu'un feul tout avec les loix generales, & devenir par-là encore plus connuës & plus utiles, Nous fçavons que la diverfité des opinions, & la differente maniere d'expliquer les mefmes difpofitions, ont produit une fi grande varieté dans les ufages de plufieurs tribunaux, que des procedures qui paroiffent aux uns regulieres & fuffifantes, font regardées par d'autres comme nulles & défectueufes. Le remede qu'on eft obligé d'y apporter, en faifant recommencer ce qui a efté declaré nul, eft fouvent prefque auffi fâcheux que le mal mefme, l'experience ayant appris que cette voye, onereufe aux officiers qui en fupportent les frais, favorable quelquefois au coupable, ou au plaideur temeraire, a toûjours le grand inconvenient de prolonger les procez, & fouvent de retarder des exemples neceffaires. Des confiderations fi importantes Nous ont fait croire, qu'au lieu de fe contenter de reparer les défauts de procedure, à mefure qu'ils fe prefentent, il eftoit beaucoup plus convenable d'en tarir la fource par une nouvelle loy, qui renfermaft en mefme temps & le fupplement & l'interpretation des ordonnances precedentes. Mais dans la neceffité où Nous fommes, de partager un ouvrage d'une fi grande eftenduë, Nous avons cru que la revifion de l'ordonnance de 1670. fur la procedure criminelle, devoit occuper d'abord toute noftre attention: & dans cette ordonnance mefme, Nous avons jugé à propos de faire un choix, en commençant un ouvrage fi utile: par les titres *de la Reconnoiffance des efcritures ou fignatures privées, & du Faux principal ou incident.* Les differens objets de ces deux titres, y ont efté tellement meflez, que les juges ont eu de la peine à en faire un jufte difcernement; & qu'il leur eft fouvent arrivé, ou de feparer ce qui devoit eftre réüni, ou de confondre ce qu'il auroit fallu diftinguer. C'eft donc pour remedier à cet inconvenient par un ordre plus naturel, que

Nous avons jugé à propos d'eſtablir d'abord dans un premier
titre, les regles qui ſeront obſervées dans la pourſuite du Faux
principal; de fixer enſuite dans un ſecond titre, celles qui auront lieu à l'égard du Faux incident; & d'y adjouſter enfin un
dernier titre, ſur ce qui concerne ſeulement la Reconnoiſſance
des eſcritures & ſignatures privées; en ſorte que l'on puiſſe
reconnoiſtre aiſement dans chaque titre, les formalitez qui
ſont propres à chacune de ces trois procedures, & celles qui
leur ſont communes. Nous y laiſſerons beaucoup moins à
ſuppléer à l'attention de ceux qui ſont chargez de l'inſtruction
des procez criminels, qu'on ne l'avoit fait par l'ordonnance
de 1670. & ſi Nous ſommes obligez par-là, d'entrer dans un
détail beaucoup plus exact, ſur ce qui regarde chaque acte
de la procedure, Nous eſperons que l'inconvenient de la
longueur, preſque inſeparable de cette exactitude, ſera avan-
tageuſement compenſé par le bien que Nous ferons à la juſtice,
en mettant devant les yeux des juges une ſuite de regles claires
& préciſes, qui dirige ſûrement toutes leurs demarches, en les
conduiſant par degrez, & comme pas à pas, dans tout le
cours de l'inſtruction. Il ne Nous reſte donc plus, après Nous
eſtre fait rendre un compte exact des differens uſages de
nos Parlemens, & avoir reçû les memoires des principaux
Magiſtrats de ces compagnies, que de faire publier une loy
ſi neceſſaire pour parvenir à cette uniformité parfaite, qui
n'eſt pas moins deſirable, & qu'il eſt encore plus facile d'eſtablir dans la forme de la procedure, que dans le fonds des
jugemens: Elle y ſera d'autant plus utile à nos ſujets, que les
difficultez qui regardent l'ordre judiciaire, naiſſent beaucoup
plus ſouvent que les queſtions de juriſprudence qui par-
tagent les tribunaux, & que le fond meſme de la juſtice
eſt en danger, lorſque les voyes qui y conduiſent, ſont obſ-
cures ou incertaines. A CES CAUSES, & autres à ce Nous
mouvantes, de l'avis de noſtre Conſeil, & de noſtre certaine
ſcience, pleine puiſſance & authorité royale, Nous avons
par ces preſentes ſignées de noſtre main, dit, declaré &

A ij

ordonné, difons, declarons & ordonnons, voulons & Nous plaift ce qui fuit.

Titre du Faux principal.

Article Premier.

Les plaintes, dénonciations & accufations de faux princi-pal, fe feront en la mefme forme que celles des autres crimes, fans confignation d'amende, fans infcription en faux, fomma-tion ni autres procedures, avec celuy contre lequel l'accufation fera formée.

II.

L'accusation de faux pourra eftre admife, s'il y efchet, encore que les pieces pretenduës fauffes ayent efté vérifiées, mefme avec le plaignant, à d'autres fins que celles d'une pourfuite de faux principal ou incident, & qu'en confequence il foit intervenu un jugement fur le fondement defdites pieces comme veritables.

III.

Sur la requefte ou plainte de la partie publique, ou de la partie civile, à laquelle elles feront tenuës de joindre les pieces pretenduës fauffes, fi elles font en leur poffeffion, il fera ordonné qu'il fera informé des faits portez par ladite requefte ou plainte, & ce, tant par titres que par tefmoins, comme auffi par experts, enfemble par comparaifon d'efcritures ou fignatures; le tout, felon que le cas le requerra: & lorfque le juge n'aura pas ordonné en mefme temps ces differens genres de preuves, il pourra y eftre fuppléé, s'il y efchet, par une ordonnance ou un jugement pofterieur.

IV.

Ledit jugement ou ordonnance contiendra en outre, qu'il fera dreffé procès-verbal de l'eftat des pieces pretenduës fauffes; lefquelles à cet effet, feront remifes au greffe, fi elles font jointes à la requefte ou plainte, finon apportées audit greffe, ainfi qu'il fera dit cy-après.

En cas que lesdites pieces ne soient pas en la possession de la partie publique, ou de la partie civile, & qu'elles n'ayent pû les joindre à leur requeste ou plainte, il sera ordonné par le mesme jugement ou ordonnance qui permettra d'informer, qu'elles seront remises au greffe par ceux qui les auront entre leurs mains, & qu'à ce faire ils seront contraints, sçavoir, les dépositaires publics, par corps, ou s'ils sont ecclesiastiques, par saisie de leur temporel; & ceux qui ne sont pas dépositaires publics, par toutes voyes dûës & raisonnables, sauf à estre ordonné, s'il y eschet, qu'ils y seront contraints par les mesmes voyes que les dépositaires publics.

V I.

Le délay pour l'apport & la remise desdites pieces, courra du jour de la signification de ladite ordonnance ou jugement, au domicile de ceux qui les auront en leur possession : & sera ledit délay de trois jours, s'ils sont dans le lieu de la jurisdiction; de huitaine, s'ils sont dans les dix lieuës; & en cas de plus grande distance, le délay sera augmenté d'un jour par dix lieuës, mesme de tel autre temps que les juges estimeront necessaire, eu égard à la difficulté des chemins, & à la longueur des lieuës; sans néantmoins qu'en aucun cas le délay puisse estre reglé sur le pied de plus de deux jours par dix lieuës.

V I I.

Ne pourront estre entendus aucuns tesmoins, avant que les pieces pretenduës fausses ayent esté déposées au greffe ; ce qui sera observé à peine de nullité, si ce n'est qu'il ait esté ordonné expressement, soit en accordant la permission d'informer, soit par une ordonnance ou un jugement posterieur, que les tesmoins pourront estre entendus avant le dépost desdites pieces, ce que Nous laissons à la prudence des juges; comme aussi de statuer, ainsi qu'il appartiendra suivant l'exigence des cas, lorsque les pieces pretenduës fausses se trouveront avoir esté soustraites, ou estre perduës, ou lorsqu'elles feront entre les mains de celuy qui fera prevenu du crime de faux.

V I I I.

LORSQUE l'information par experts aura efté ordonnée, fuivant ce qui eft porté par l'article III. lefdits experts feront toûjours nommez d'office, à peine de nullité: & la nomination en fera faite par l'ordonnance ou jugement qui ordonnera ladite information; fi ce n'eft que ladite nomination ait efté renvoyée à un juge commis fur les lieux pour proceder à ladite information, lequel juge commis fera pareillement d'office ladite nomination.

I X.

DEFFENDONS aux juges de recevoir de l'accufé aucune requefte en recufation contre les experts, à peine de nullité; fauf audit accufé à fournir fes reproches, fi aucuns y a, contre lefdits experts, en la mefme forme & dans le mefme temps que contre les autres tefmoins.

X.

LE procès-verbal de l'eftat des pieces pretenduës fauffes, ratures, furcharges, interlignes, & autres circonftances du mefme genre, qui pourront s'y trouver, fera dreffé au greffe ou autre lieu du fiege deftiné aux inftructions, en prefence, tant de noftre procureur, ou de celuy des hauts-jufticiers, que de la partie civile, s'il y en a, à peine de nullité; & l'accufé ne fera point appellé audit procès-verbal.

X I.

LESDITES pieces feront paraphées lors dudit procès-verbal, tant par le juge que par la partie civile, fi elle peut les parapher, finon il en fera fait mention; enfemble par noftre procureur ou celuy des hauts-jufticiers, le tout à peine de nullité, après quoy elles feront remifes au greffe.

X I I.

LORSQUE la preuve par comparaifon d'efcritures, aura efté ordonnée, nos procureurs ou ceux des hauts-jufticiers, & la partie civile, s'il y en a, pourront feuls fournir les pieces

de comparaiſon; ſans que l'accuſé puiſſe eſtre reçû à en preſenter de ſa part, ſi ce n'eſt dans le temps & ainſi qu'il ſera
dit par les articles XLVI. & LIV. cy-après; & le contenu
au preſent article ſera obſervé à peine de nullité.

X I I I.

NE pourront eſtre admiſes pour pieces de comparaiſon,
que celles qui ſont authentiques par elles-meſmes: & ſeront
regardées comme telles, les ſignatures appoſées aux actes
paſſez devant notaires ou autres perſonnes publiques, tant
ſeculieres qu'eccleſiaſtiques, dans les cas où elles ont droit de
recevoir des actes en ladite qualité; comme auſſi les ſignatures
eſtant aux actes judiciaires faits en preſence du juge & du
greffier, & pareillement les pieces eſcrites & ſignées par celuy
dont il s'agit de comparer l'eſcriture, en qualité de juge,
greffier, notaire, procureur, huiſſier, ſergent, & en general
comme faiſant, à quelque titre que ce ſoit, fonction de perſonne publique.

X I V.

POURRONT néantmoins eſtre admiſes pour pieces de
comparaiſon, les eſcritures ou ſignatures privées qui auroient
eſté reconnuës par l'accuſé; ſans qu'en aucun autre cas leſdites eſcritures ou ſignatures privées puiſſent eſtre reçûës pour
pieces de comparaiſon, quand meſme elles auroient eſté
vérifiées avec ledit accuſé, ſur la dénegation qu'il en auroit
faite: ce qui ſera executé à peine de nullité.

X V.

LAISSONS à la prudence des juges, ſuivant l'exigence des
cas, & notamment lorſque l'accuſation de faux ne tombera
que ſur un endroit de la piece qu'on pretendra eſtre faux ou
falſifié, d'ordonner que le ſurplus de ladite piece ſervira de
piece de comparaiſon.

X V I.

SI les pieces indiquées pour pieces de comparaiſon, ſont
entre les mains de dépoſitaires publics, ou autres, le juge ordonnera qu'elles ſeront apportées, ſuivant ce qui eſt preſcrit

par les articles V. & VI. à l'égard des pieces prétenduës fausses; & les pieces qui auront esté admises pour pieces de comparaison, demeureront au Greffe pour servir à l'inf-truction; & ce, quand mesme les dépositaires d'icelles offri-roient de les apporter toutes les fois qu'il seroit necessaire: sauf aux juges à y pourvoir autrement, s'il y eschet, pour ce qui concerne les registres des baptesmes, mariages, sepultures, & autres, dont les dépositaires auroient besoin continuelle-ment pour le service du public.

X V I I.

SUR la presentation des pieces de comparaison, qui sera faite par la partie publique ou par la partie civile, sans qu'il soit donné aucune requeste à cet effet, il sera dressé procès-verbal desdites pieces, au greffe ou autre lieu du siege destiné aux instructions, en presence de ladite partie publique, ensem-ble de la partie civile, s'il y en a, à peine de nullité.

X V I I I.

L'ACCUSÉ ne pourra estre present au procès-verbal de presentation de pieces de comparaison; ce qui sera pareille-ment observé à peine de nullité.

X I X.

A la fin dudit procès-verbal, & sur la requisition ou sur les conclusions de la partie publique, le juge reglera ce qu'il appartiendra, sur l'admission ou le rejet desdites pieces; si ce n'est qu'il juge à propos d'ordonner qu'il en sera par luy referé aux autres officiers du siege: auquel cas il y sera pourvû par deliberation du Conseil, après que ledit procès-verbal aura esté communiqué à nostre Procureur ou à celuy des hauts-justiciers, & à la partie civile.

X X.

S'IL est ordonné que les pieces de comparaison seront rejettées, la partie civile, s'il y en a, ou nos procureurs ou ceux des hauts-justiciers, seront tenus d'en rapporter ou d'en indiquer d'autres, dans le délay qui sera prescrit; sinon, il y sera pourvû ainsi qu'il appartiendra: Et sera au surplus observé

sur

fur l'apport defdites pieces, le contenu en l'article XVI. cy-deffus.

X X I.

Dans tous les cas où les pieces de comparaifon feront admifes, elles feront paraphées, tant par le juge, que par nos procureurs, ou par ceux des hauts-jufticiers, & par la partie civile, s'il y en a, & fi elle peut figner, finon il en fera fait mention: le tout à peine de nullité.

X X I I.

Dans toutes les informations qui feront faites par experts, ils feront toûjours entendus feparement, & par forme de dépofition, ainfi que les autres tefmoins; fans qu'il puiffe eftre ordonné en aucun cas, que lefdits experts feront leur rapport fur les pieces prétenduës fauffes, ou qu'il fera procedé préalablement à la vérification d'icelles; ce que Nous deffendons, à peine de nullité.

X X I I I.

En procedant à ladite information, la plainte ou requefte contenant l'accufation de faux, & la permiffion d'informer donnée en confequence, les pieces prétenduës fauffes, & le procès-verbal de l'eftat d'icelles, les pieces de comparaifon, lorfqu'il en aura efté fourni, enfemble le procès-verbal de prefentation d'icelles, & l'ordonnance ou jugement par lequel elles auront efté reçûës, feront remis à chacun des experts, pour les voir & examiner feparement & en particulier, fans déplacer : & fera fait mention de la remife & examen defdites pieces, dans la dépofition de chacun des experts, fans qu'il en foit dreffé aucun procès-verbal, lefquels experts parapheront les pieces prétenduës fauffes, le tout à peine de nullité.

X X I V.

Seront en outre entendus comme tefmoins, ceux qui auront connoiffance de la fabrication, alteration, & en general de la fauffeté defdites pieces, ou de faits qui pourront fervir à en eftablir la preuve; à l'effet de quoy fera permis

B

d'obtenir, s'il y efchet, & faire publier des monitoires; ce qui pourra eftre ordonné en tout eftat de caufe.

X X V.

En procedant à l'audition defdits tefmoins, les pieces prétenduës fauffes leur feront reprefentées, fi elles font au greffe, & en cas qu'elles n'y fuffent pas, la reprefentation en fera faite lors du recolement ; & fi elles n'eftoient pas au greffe, mefme audit temps, la reprefentation s'en fera lors de la confrontation.

X X V I.

Lesdits tefmoins parapheront lefdites pieces, lors de la reprefentation qui leur en fera faite, s'ils peuvent ou veulent les parapher, finon il en fera fait mention.

X X V I I.

Les pieces fervant à conviction, qui auroient efté remifes au greffe, feront pareillement reprefentées à ceux defdits tefmoins qui en auront connoiffance, & par eux paraphées, ainfi qu'il eft porté par l'article precedent, le tout lors de leur dépofition.

X X V I I I.

Voulons néantmoins qu'en cas d'obmiffion de la reprefentation & du paraphe cy-deffus ordonnez, des pieces pretenduës fauffes ou fervantes à conviction, qui feroient au greffe lors de la dépofition defdits tefmoins, il puiffe y eftre fuppléé lors du recolement; & s'il a efté obmis alors d'y fatisfaire, il y fera fuppléé en procedant à la confrontation, à peine de nullité de ladite confrontation, ainfi qu'il fera dit par l'article XLV. cy-après.

X X I X.

A l'égard des pieces de comparaifon, & autres qui doivent eftre reprefentées aux experts, fuivant l'article XXIII. elles ne feront point reprefentées aux autres tefmoins, fi ce n'eft que le juge en procedant, foit à l'information, foit au recolement ou à la confrontation defdits tefmoins, eftime à propos de leur reprefenter lefdites pieces ou quelques-unes d'icelles, auquel cas elles feront par eux paraphées, ainfi qu'il eft cy-deffus preſcrit.

X X X.

Sur le vû de l'information, foit par experts ou par autres teſmoins, il fera décerné, s'il y efchet, tel decret qu'il appartiendra ; ce que les juges pourront pareillement faire fans information, en cas qu'il y ait d'ailleurs des charges fuffifantes pour decreter, le tout, fur les conclufions de nos procureurs, ou de ceux des hauts-jufticiers.

X X X I.

Lors de l'interrogatoire des accufez, les pieces pretenduës fauffes, comme auffi les pieces fervantes à conviction, qui feront actuellement au greffe, leur feront reprefentées, & par eux paraphées, s'ils peuvent ou veulent le faire, finon il en fera fait mention : & en cas d'obmiffion de ladite reprefentation & paraphe, il y fera fuppléé par un nouvel interrogatoire, à peine de nullité du jugement qui feroit intervenu fans avoir reparé ladite obmiffion.

X X X I I.

Les pieces de comparaifon, ou autres qui doivent eftre reprefentées aux experts fuivant l'article XXIII. ne pourront eftre reprefentées auxdits accufez avant la confrontation.

X X X I I I.

En tout eftat de caufe, mefme après le reglement à l'extraordinaire, les juges pourront ordonner, s'il y efchet, à la requefte de la partie civile, ou fur le requifitoire de la partie publique, ou mefme d'office, que l'accufé fera tenu de faire un corps d'efcriture, tel qu'il luy fera dicté par les experts.

X X X I V.

Lorsque ledit corps d'efcriture aura efté ordonné, il y fera procedé au greffe, ou autre lieu du fiege deftiné aux inftructions, en prefence de nos procureurs ou de ceux des hauts-jufticiers ; enfemble de la partie civile, s'il y en a, ou elle dûëment appellée à la requefte de la partie publique :

fera ledit corps d'efcriture paraphé, tant par le juge, les experts & nofdits procureurs, ou ceux des hauts-jufticiers, que par la partie civile, fi elle peut & veut le faire, finon il en fera fait mention, enfemble par l'accufé, s'il veut le parapher, & ce en prefence defdits experts, & en cas qu'il refufe de le faire, il en fera fait mention; le tout, à peine de nullité.

X X X V.

A la fin dudit procès-verbal, & fans qu'il foit befoin d'autre jugement, le juge ordonnera, s'il y efchet, que ledit corps d'efcriture fera reçû pour piece de comparaifon, & que les experts feront entendus par voye de dépofition, en la forme prefcrite par l'article XXIII. fur ce qui peut refulter dudit corps d'efcriture, comparé avec les pieces pretenduës fauffes; ce qui aura lieu, encore qu'ils euffent déja dépofé fur d'autres pieces de comparaifon; fans prejudice au juge, s'il y efchet, d'en nommer d'autres ou d'en adjoufter de nouveaux aux premiers, ce qu'il ne pourra faire néantmoins que par deliberation de Confeil, à l'effet de quoy il en fera par luy referé aux autres juges.

X X X V I.

LAISSONS à la prudence des juges, en cas de diverfité dans la dépofition des experts, ou de doute fur la maniere dont ils fe feront expliquez, d'ordonner fur la requifition de la partie publique, ou mefme d'office, qu'il fera entendu de nouveaux experts en la forme prefcrite par les articles XXII. & XXIII. mefme qu'il fera fourni de nouvelles pieces de comparaifon; ce qu'ils pourront ordonner, s'il y efchet, avant que de decreter ou après le decret, jufqu'au reglement à l'extraordinaire; après quoy ils ne pourront l'ordonner que lorfque l'inftruction fera achevée, & en jugeant le procès: & en cas que ce foit l'accufé qui faffe une pareille demande, fera obfervé ce qui eft prefcrit par les articles XLVI. & LIV. cy-après.

X X X V I I.

LORS du recolement des experts, les pieces prétenduës

fauſſes, & les pieces de comparaiſon, feront reprefentées auxdits experts, & tant à eux qu'aux accuſez, lors de la confrontation, à peine de nullité : au ſurplus, le recolement, & la confrontation deſdits experts ſe feront en la meſme forme que le recolement & la confrontation des autres teſmoins; ſans néantmoins qu'il ſoit beſoin d'interpeller leſdits experts, de declarer ſi c'eſt de l'accuſé prefent qu'ils ont entendu parler dans leur dépoſition & recolement, à moins qu'ils n'ayent dépoſé de faits perſonnels audit accuſé.

X X X V I I I.

EN procedant au recolement des teſmoins, autres que les experts, les pieces prétenduës fauſſes feront reprefentées auxdits teſmoins; comme auſſi les pieces ſervantes à conviction, & en general toutes celles qui leur auront eſté reprefentées lors de leur dépoſition : & en cas que leſdites pieces prétenduës fauſſes n'ayent eſté remiſes au greffe que depuis leur dépoſition, elles leur feront reprefentées, & par eux paraphées lors dudit recolement, ſuivant ce qui eſt preſcrit par les articles XXV. & XXVI. ce qui aura lieu pareillement pour les pieces ſervantes à conviction, dont leſdits teſmoins auroient connoiſſance, & qui auroient eſté remiſes au greffe depuis leur dépoſition ; comme auſſi pour celles dont la reprefentation auroit eſté obmiſe lors de l'audition deſdits teſmoins, ſuivant ce qui eſt porté par l'article XXVIII.

X X X I X.

TOUTES les pieces qui auront eſté reprefentées auxdits teſmoins, tant lors de leur dépoſition, que lors de leur recolement, leur feront reprefentées, ainſi qu'à l'accuſé, lors de leur confrontation ; & en cas que les pieces n'ayent eſté remiſes au greffe que depuis ledit recolement, elles feront reprefentées auxdits teſmoins, & par eux paraphées lors de ladite confrontation, ſuivant ce qui eſt preſcrit par les articles XXV. & XXVI. ce qui aura lieu pareillement pour les pieces ſervantes à conviction, dont leſdits teſmoins auroient connoiſſance, & qui n'auroient eſté remiſes au greffe que depuis ledit recolement, comme auſſi pour celles dont la repreſentation auroit eſté obmiſe lors de la dépoſition & du recolement, ſuivant ce qui eſt porté par l'article XXVIII.

X L.

Si les teſmoins repreſentent quelque piece, ſoit lors de leur dépoſition ou du recolement, ou de la confrontation, elles y demeureront jointes, après avoir eſté paraphées, tant par le juge que par leſdits teſmoins, s'ils peuvent ou veulent le faire, ſinon il en ſera fait mention : & ſi leſdites pieces ſervent à conviction, elles ſeront repreſentées aux teſmoins qui en auroient connoiſſance, & qui ſeroient entendus, recolez ou confrontez depuis la remiſe deſdites pieces, & elles ſeront par eux paraphées, le tout ſuivant ce qui eſt preſcrit par les articles XXVII. & XXVIII. cy-deſſus.

X L I.

Si l'accuſé repreſente des pieces lors de ſes interrogatoires, elles y demeureront jointes, après avoir eſté paraphées tant par le juge que par ledit accuſé, s'il peut ou veut les parapher, ſinon il en ſera fait mention, & elles ſeront repreſentées aux teſmoins, s'il y eſchet, auquel cas elles ſeront par eux paraphées, s'ils peuvent ou veulent le faire, ſinon il en ſera fait mention.

X L I I.

Si l'accuſé repreſente des pieces lors de la confrontation, elles y demeureront pareillement jointes, après avoir eſté paraphées, tant par le juge que par l'accuſé, & par le teſmoin confronté avec ledit accuſé : & ſi ledit accuſé & ledit teſmoin ne peuvent ou ne veulent les parapher, il en ſera fait mention ; le tout, à peine de nullité de ladite confrontation : & ſeront leſdites pieces repreſentées, s'il y eſchet, aux teſmoins qui ſeroient confrontez depuis, & par eux paraphées, ainſi qu'il eſt porté par l'article precedent.

X L I I I.

Lorsqu'il aura eſté ordonné que les accuſez ſeront recolez ſur leurs interrogatoires, & confrontez les uns aux autres, les pieces qui auront esté representées à chaque accusé, ou qu'il aura rapportées lors de ses interrogatoires, luy seront pareillement representées lors de son recolement, & tant à luy qu'aux autres accusez, lors de la confrontation : & sera au surplus observé sur ladite representation, & sur le paraphe desdites pieces, ce qui est prescrit par les articles XXXVIII. XXXIX. XL. & XLI. cy-dessus.

X L I V.

DANS tous les cas où il a esté ordonné par les articles precedens, que les pieces pretenduës fausses, ou autres pieces, seront paraphées, soit par le juge, soit par les experts, ou autres tesmoins, soit par les accusez, ou qu'il sera fait mention à l'égard desdits tesmoins ou accusez, qu'ils n'ont pû ou n'ont voulu les parapher; il suffira de faire parapher lesdites pieces, ou de faire ladite mention dans le premier acte lors duquel lesdites pieces seront representées, sans qu'il soit besoin de réiterer ledit paraphe ou ladite mention, lorsque les mesmes pieces seront de nouveau representées.

X L V.

DESIRANT expliquer plus particulierement nos intentions sur les cas où la peine de nullité sera prononcée par le défaut de representation aux tesmoins, autres que les experts, des pieces pretenduës fausses, ou servantes à conviction, & de paraphe desdites pieces, voulons que ladite peine ne puisse avoir lieu qu'à l'égard de la confrontation, lorsque l'on n'y aura pas suppléé à l'obmission de representation ou de paraphe desdites pieces, auquel cas les juges ordonneront, s'il y eschet, qu'il sera procedé à une nouvelle confrontation, lors de laquelle lesdites pieces seront representées auxdits tesmoins, & par eux paraphées en la forme cy-dessus prescrite; ce qui sera pareillement observé à l'égard des accusez, lorsqu'il aura esté ordonné qu'ils seront recolez & confrontez les uns aux autres.

X L V I.

EN cas que l'accusé presente une requeste pour demander

qu'il foit remis de nouvelles pieces de comparaifon entre les mains des experts, les juges ne pourront y avoir égard, qu'après l'inftruction achevée, & par deliberation de Confeil, fur le vû du procès, à peine de nullité.

X L V I I.

Sɪ la requefte de l'accufé eft admife, le jugement luy fera prononcé dans vingt-quatre heures au pluftard; & il fera interpellé par le juge, d'indiquer lefdites pieces, ce qu'il fera tenu de faire fur le champ. Laiffons néantmoins à la prudence des juges, de luy accorder un délay, fuivant l'exigence des cas, pour indiquer lefdites pieces, fans que ledit délay puiffe eftre prorogé; & ne pourra l'accufé prefenter dans la fuite d'autres pieces que celles qu'il aura indiquées: le tout, fans préjudice à la partie civile ou à la partie publique, de contefter lefdites pieces.

X L V I I I.

Lᴇs efcritures ou fignatures privées de l'accufé, ne pourront eftre reçûës pour pieces de comparaifon (encore qu'elles euffent efté par luy reconnues, ou vérifiées avec luy) fi ce n'eft du confentement, tant de la partie publique, que de la partie civile, s'il y en a; ce qui fera obfervé à peine de nullité.

X L I X.

Lᴇs difpofitions des articles XIII. & XVI. feront obfervées, tant par rapport à la qualité defdites nouvelles pieces de comparaifon, qu'en ce qui concerne l'apport & remife au greffe d'icelles; lequel apport & remife fe feront à la requefte de la partie publique.

L.

Lᴇ procès-verbal de prefentation des nouvelles pieces de comparaifon indiquées par l'accufé, fera fait à la requefte de la partie publique, & dreffé en prefence dudit accufé, lequel paraphera les pieces, qui feront reçûës, s'il peut ou veut les parapher, finon il en fera fait mention; le tout, à peine de nullité: & en cas que l'accufé ne foit pas dans les prifons, & ne fe prefente point pour affifter audit procès-verbal, il y fera

procedé

procedé en son absence, après qu'il aura esté dûëment appellé à la requeste de la partie publique : sera au surplus observé tout ce qui a esté cy-dessus prescrit par rapport au procès-verbal de presentation des pieces de comparaison, rejet ou admission d'icelles, & procedures à faire en consequence.

L I.

EN cas que les pieces de comparaison soient admises, il sera procedé à une nouvelle information sur ce qui peut resulter desdites pieces, dans la forme prescrite par les articles XXII. & XXIII. & ce, à la requeste de la partie publique, & par les mesmes experts qui auront esté déja entendus, à moins qu'il n'en ait esté autrement ordonné : seront les anciennes pieces de comparaison remises entre les mains des experts, ainsi que les nouvelles, ensemble les procez-verbaux de presentation, & les ordonnances ou jugemens de reception de toutes lesdites pieces.

L I I.

N'ENTENDONS empescher que la partie civile, ou la partie publique, ne puissent estre admises à produire de nouvelles pieces de comparaison, & ce, en tout estat de cause, mesme dans le cas où il n'auroit pas esté permis à l'accusé d'indiquer de nouvelles pieces de comparaison : le tout à la charge de se conformer aux dispositions des articles XIII. & suivans, notamment en ce qu'il y est porté, que l'accusé ne sera point present au procès-verbal de presentation des pieces de comparaison, rapportées par la partie publique ou par la partie civile.

L I I I.

LORSQU'A l'occasion des nouvelles pieces de comparaison indiquées par l'accusé, la partie publique ou la partie civile, s'il y en a, en auront aussi produit de leur part; les juges pourront, après que lesdites pieces auront esté reçûës en la forme cy-dessus marquée, ordonner, s'il y eschet, que sur les unes & les autres, il sera procedé à une seule & mesme information par experts.

C

L I V.

Si l'accusé demande qu'il soit entendu de nouveaux experts, soit sur les anciennes pieces de comparaison, ou sur de nouvelles, les juges ne pourront l'ordonner, s'il y eschet, qu'après l'instruction achevée, & par deliberation de Conseil, sur le vû du procès; ce qui sera observé à peine de nullité.

L V.

S'il est ordonné qu'il sera procedé à une information par de nouveaux experts, ils seront toûjours nommez d'office, & entendus en la forme prescrite par les articles XXII. & XXIII. le tout, à peine de nullité.

L V I.

Dans tous les cas marquez par les articles XXXVI. XLVI. XLVII. LII. LIII. LIV. & LV. où il aura esté procedé à une nouvelle information, soit sur de nouvelles pieces de comparaison, ou par de nouveaux experts, les juges pourront la joindre au procès, pour, en jugeant, y avoir tel égard que de raison, ou décerner de nouveaux decrets, s'il y eschet, ou ordonner sans decret, que les experts entendus dans ladite information, seront recolez & confrontez, ou y statuer autrement, suivant l'exigence des cas, ce que Nous laissons à leur prudence.

L V I I.

Dans tous les procez-verbaux où la presence de la partie civile est requise, suivant ce qui a esté reglé cy-dessus, il sera permis à ladite partie civile, d'y faire assister, au lieu d'elle, le porteur de sa procuration, qui ne sera admise qu'en cas qu'elle soit speciale, & passée devant notaires.

L V I I I.

Ladite procuration sera annexée à la minute de l'acte pour lequel elle aura esté donnée, si elle ne concerne qu'un seul acte; & si elle en concerne plusieurs, elle sera annexée à la minute du premier acte, lors duquel elle aura esté representée; & sera paraphée, tant par le juge, que par le porteur d'icelle, lequel paraphera en outre toutes les pieces qui

devroient eftre paraphées par ladite partie civile, fi elle eftoit
prefente : & en cas qu'il refufe de les parapher, il y fera pourvû
par les juges, fur les conclufions de la partie publique, ainfi
qu'il appartiendra.

L I X.

LORSQUE les premiers juges auront ordonné la fuppreffion
ou laceration, ou la radiation en tout ou en partie, mefme la
reformation ou le reftabliffement des pieces par eux declarées
fauffes, il fera furfis à l'execution de ce chef de leur jugement,
jufqu'à ce que par nos Cours, fur le vû du procès, & fur les
conclufions de nos Procureurs generaux, il y ait efté pourvû
ainfi qu'il appartiendra : ce qui aura lieu, encore que la fentence fût de nature à pouvoir eftre executée fans avoir efté
confirmée par arreft, & qu'il n'y en eût aucun appel, ou que
l'accufé y eût acquiefcé, dans les cas où il peut le faire.

L X.

N'ENTENDONS néantmoins empefcher que ledit accufé ne
foit mis en liberté, dans ledit cas d'acquiefcement de fa part
à la fentence, lorfqu'il n'y aura point d'appel *à minima*, interjetté par nos Procureurs generaux ou leurs fubftituts, ou par
les procureurs des hauts-jufticiers.

L X I.

EN cas que le jugement foit rendu par contumace contre
les accufez, ou aucuns d'eux, la furféance portée par l'article
LIX. aura lieu, tant que les accufez contumaces ne fe repre-
fenteront pas, ou ne feront point arreftez ; ce qui fera obfervé,
mefme après l'expiration des cinq années : & en cas que les
contumaces fe reprefentent, ou qu'ils foient arreftez, ladite
furféance aura pareillement lieu, fi le jugement qui interviendra contradictoirement avec eux, contient, à l'égard des
pieces fauffes, quelqu'une des difpofitions mentionnées audit
article LIX.

L X I I.

L'EXECUTION des arrefts de nos Cours, qui contiendront
quelqu'une des difpofitions mentionnées dans l'article LIX.

fera pareillement furfife, lorfque lefdits accufez, ou aucuns d'eux, auront efté condamnez par contumace; fi ce n'eft que dans la fuite il en foit autrement ordonné par nofdites Cours, s'il y efchet, & ce, fur les conclufions de nos Procureurs gene-raux, ce que nous laiffons à leur prudence, fuivant l'exigence des cas.

LXIII.

PAR le jugement de condamnation, ou d'abfolution, qui interviendra fur le vû du procès, il fera ftatué, ainfi qu'il appar-tiendra, fur la remife des pieces, foit à la partie civile, ou aux tefmoins, ou aux accufez qui les auront fournies ou reprefen-tées; ce qui aura lieu, mefme à l'égard des pieces prétenduës fauffes, lorfqu'elles ne feront pas jugées telles : & à l'égard des pieces qui auront efté tirées d'un dépoft public, il fera ordonné qu'elles feront remifes ou renvoyées par les greffiers aux dépofitaires d'icelles, par les voyes en tel cas requifes & accouftumées; le tout, fans qu'il foit rendu feparement un autre jugement fur la remife defdites pieces, laquelle neant-moins ne pourra eftre faite que dans le temps, & ainfi qu'il fera cy-après marqué.

LXIV.

LORSQUE les procez feront de nature à eftre portez en nos Cours, fans mefme qu'il y ait appel de la fentence des premiers juges, fuivant les difpofitions de l'ordonnance de 1670. & pareillement lorfqu'il y aura appel de ladite fentence, les pieces dont la remife y aura efté ordonnée, ne pourront eftre retirées du greffe, jufqu'à ce qu'il y ait efté pourvû par nofdites Cours.

LXV.

SI les procez ne font pas de la nature marquée par l'article precedent, voulons qu'encore qu'il n'y eût point d'appel de la fentence, ou que l'accufé y eût acquiefcé, aucune defdites pieces ne puiffe eftre retirée du greffe, que fix mois après ladite fentence. Enjoignons aux fubftituts de nos Procureurs generaux, ou aux procureurs d'office, d'informer diligemment noſdits Procureurs generaux, du contenu aux jugemens rendus dans leur ſiege en matiere de faux, meſme par contumace, pour eſtre par noſdits Procureurs generaux fait en conſequence telles requiſitions qu'ils jugeront neceſſaires.

L X V I.

LORSQUE le procès pour crime de faux aura eſté inſtruit en nos Cours, ou qu'il y aura eſté porté, ſuivant ce qui a eſté dit cy-deſſus, leſdites pieces ne pourront eſtre retirées du greffe, qu'après l'arreſt définitif qui en aura ordonné la remiſe.

L X V I I.

DANS les cas portez par les articles LIX. LXI. & LXII. où il doit eſtre ſurſis à l'execution des ſentences ou arreſts qui contiendroient, à l'égard des pieces declarées fauſſes, quelqu'une des diſpoſitions mentionnées auxdits articles, il ſera pareillement ſurſis à la remiſe des pieces de comparaiſon ou autres pieces, ſi ce n'eſt qu'il en ſoit autrement ordonné par nos Cours, ſur la requeſte des dépoſitaires deſdites pieces, ou des parties qui auroient intereſt d'en demander la remiſe, & ſur les concluſions de nos Procureurs generaux en noſdites Cours.

L X V I I I.

ENJOIGNONS aux greffiers de ſe conformer exactement aux articles precedens, en ce qui les regarde, à peine d'interdiction, d'amende arbitraire applicable à Nous, ou aux hauts-juſticiers, & des dommages & intereſts des parties, meſme d'eſtre procedé extraordinairement contr'eux, s'il y eſchet.

L X I X.

PENDANT que leſdites pieces demeureront au greffe, les greffiers ne pourront delivrer aucunes copies ni expeditions des pieces pretenduës fauſſes, ou ſervantes à conviction, ſi ce n'eſt en vertu d'un jugement, qui ne pourra eſtre rendu que ſur les concluſions de nos Procureurs generaux, ou de leurs ſubſtituts, ou des procureurs d'office : & à l'égard des actes dont les originaux ou minutes auront eſté remis au greffe, & notamment des regiſtres ſur leſquels il y auroit des actes non arguez de faux, lesdits greffiers pourront en delivrer des expeditions aux parties qui auront droit d'en demander, sans qu'ils puissent prendre de plus grands droits que ceux qui seroient dûs aux dépositaires desdits originaux ou minutes: & sera le present article executé sous les peines portées par l'article precedent.

Titre du Faux incident.

ARTICLE PREMIER.

LA poursuite du faux incident aura lieu lorsqu'une des parties ayant signifié, communiqué, ou produit quelque piece que ce puisse estre, dans le cours de la procedure, l'autre partie pretendra que ladite piece est fausse ou falsifiée.

I I.

LADITE poursuite pourra estre reçûë, s'il y eschet, encore que les pieces pretenduës fausses ayent esté verifiées, mesme avec le demandeur en faux, à d'autres fins que celles d'une poursuite de faux principal ou incident, & qu'en consequence il soit intervenu un jugement sur le fondement desdites pieces comme veritables.

I I I.

LA partie qui voudra former la demande en faux incident, presentera une requeste tendante à ce qu'il luy soit permis de s'inscrire en faux contre les pieces qui y seront indiquées, & à ce que le deffendeur soit tenu de declarer s'il entend se servir desdites pieces : sera ladite requeste signée du demandeur ou du porteur de sa procuration speciale, à peine de nullité; & sera ladite procuration attachée à la requeste.

I V.

LE demandeur en faux sera tenu de consigner, sçavoir, en nos Cours, Requestes de nostre hostel & du Palais, cent livres; aux bailliages, seneschaussées, sieges presidiaux ou autres sieges ressortissant immédiatement en nosdites Cours, soixante livres; & vingt livres dans tous les autres sieges; sans qu'il soit

configné plus d'une amende, quel que foit le nombre des
demandeurs, ou des pieces arguées de faux, pourvû que l'infcription foit formée conjointement & par le mefme acte.

V.

LORSQUE la requefte à fin de permiffion de s'infcrire en
faux, fera donnée en nos Cours dans les fix femaines anterieures au temps auquel elles finiffent leurs feances; ou pour
les compagnies femeftres, dans les fix femaines anterieures à
la fin de chaque femeftre, le demandeur en faux fera tenu de
configner la fomme de trois cens livres, mefme plus grande
fomme, fi les juges eftiment à propos de l'ordonner.

V I.

LES fommes qui feront confignées pour les infcriptions
en faux, feront reçûës fans aucuns droits ni frais par le receveur des amendes en titre, ou par commiffion, s'il y en a,
finon par le greffier du fiege où l'infcription fera formée.

V I I.

LA quitance de confignation d'amende, fera attachée à la
requefte du demandeur, & vifée dans l'ordonnance qui fera
renduë fur ladite requefte.

V I I I.

LADITE ordonnance portera que l'infcription fera faite
au greffe par le demandeur, & qu'il fera tenu à cet effet dans
trois jours au pluftard, de fommer le deffendeur de declarer
s'il veut fe fervir de la piece maintenuë fauffe; ce que ledit
demandeur fera tenu de faire dans ledit temps de trois jours,
à compter du jour de ladite ordonnance, finon fera declaré
defchû de fa demande en infcription de faux.

I X.

LA fommation fera faite au deffendeur, au domicile de fon
procureur, auquel fera donné copie par le mefme acte, de la
quitance d'amende, du pouvoir fpecial, fi aucun y a, de la
requefte du demandeur, & de l'ordonnance du juge, le tout
à peine de nullité : & fera le deffendeur interpellé par ladite
fommation, de faire fa declaration dans le délay cy-après
marqué.

X.

LEDIT délay courra du jour de ladite sommation, & sera de trois jours, si le deffendeur demeure dans le lieu de la jurisdiction; & s'il demeure dans un autre lieu, le délay pour luy donner connoissance de ladite sommation, & le mettre en estat d'y respondre, sera de huitaine, s'il demeure dans les dix lieuës; & en cas de plus grande distance, le délay sera augmenté de deux jours par dix lieuës: sauf aux juges à le prolonger eû égard à la difficulté des chemins, & à la longueur des lieuës; sans néantmoins que ledit délay puisse estre plus grand en aucuns cas, que de quatre jours par dix lieuës.

X I.

LE deffendeur sera tenu dans ledit délay, de faire sa declaration précise, s'il entend, ou s'il n'entend pas se servir de la piece maintenuë fausse: & sera ladite declaration signée de luy ou du porteur de sa procuration speciale, & signifiée au procureur du demandeur, ensemble ladite procuration, si le deffendeur n'a pas signé luy-même ladite declaration.

X I I.

FAUTE par le deffendeur d'avoir satisfait à tout ce qui est porté par l'article precedent, le demandeur en faux pourra se pourvoir à l'audience, pour faire ordonner que la piece maintenuë fausse sera rejettée de la cause ou du procès, par rapport au deffendeur: sauf au demandeur à en tirer telles inductions ou consequences qu'il jugera à propos, ou à former telles demandes qu'il avisera, pour ses dommages & interests; mesme en matiere beneficiale, pour faire declarer le deffendeur deschû du benefice contentieux, s'il a fait ou fait faire la piece fausse, ou s'il en a connu la fausseté: ce qui poura aussi estre ordonné sur la seule requisition de nos Procureurs generaux, ou de leurs substituts.

X I I I.

La disposition de l'article precedent aura lieu pareillement, en cas que le deffendeur declare qu'il ne veut pas se servir de ladite piece.

XIV.

X I V.

Si le deffendeur declare qu'il veut se servir de la piece arguée
de faux, il sera tenu de la remettre au greffe dans vingt-quatre
heures, à compter du jour que sa declaration aura esté signifiée : & dans les vingt-quatre heures après, il sera pareillement
tenu de donner copie au demandeur, au domicile de son procureur, de l'acte de mis au greffe, sinon le demandeur pourra
se pourvoir à l'audience, pour faire statuer sur le rejet de ladite
piece, suivant ce qui est porté en l'article XII. si mieux n'aime demander qu'il luy soit permis de faire remettre ladite
piece au greffe, à ses frais, dont il sera remboursé par le deffendeur, comme de frais préjudiciaux, à l'effet de quoy il luy
en sera delivré executoire.

X V.

Dans vingt-quatre heures au plustard après la signification faite au demandeur, de l'acte de mis au greffe, ou dans
les vingt-quatre heures après la remise de la piece audit greffe,
si elle y a été mise par le demandeur, il sera tenu d'y former
son inscription en faux, & ce, en personne, ou par son procureur fondé de sa procuration speciale ; faute de quoy le deffendeur pourra se pourvoir à l'audience, pour faire ordonner
que, sans s'arrester à la requeste dudit demandeur, il sera passé
outre au jugement de la cause, ou du procès.

X V I.

En cas qu'il y ait minute de la piece inscrite de faux, il
sera ordonné, s'il y eschet, sur la requeste du demandeur, ou
mesme d'office, que le deffendeur sera tenu, dans le temps qui
luy sera prescrit, de faire apporter ladite minute au greffe, &
que les dépositaires d'icelle y seront contraints par les voyes,
& dans les délais marquez par les articles V. & VI. du titre
du Faux principal. Laissons à la prudence des juges, d'ordonner, s'il y eschet, sans attendre l'apport de ladite minute,
qu'il sera procedé à la continuation de la poursuite du faux ;
comme aussi de statuer ce qu'il appartiendra, en cas que ladite
minute ne pust estre rapportée, ou qu'il fust suffisamment

juſtifié, qu'elle a eſté ſouſtraite ou qu'elle eſt perduë.

X V I I.

DANS les cas où il eſcherra de faire apporter ladite minute, le délay qui aura eſté preſcrit à cet effet au deffendeur, courra du jour de la ſignification de l'ordonnance ou jugement, au domicile de ſon procureur : & faute par le deffendeur d'avoir fait les diligences neceſſaires pour l'apport de ladite minute dans ledit délay, le demandeur pourra ſe pourvoir à l'audience, pour faire ordonner le rejet de la piece maintenuë fauſſe, s'il y eſchet, ſuivant ce qui eſt porté en l'article XII. ſi mieux n'aime demander qu'il luy ſoit permis de faire apporter ladite minute à ſes frais, dont il ſera rembourſé par le deffendeur, comme de frais prejudiciaux, & il luy en ſera delivré execu-toire à cet effet.

X V I I I.

LE rejet de la piece arguée de faux, ne pourra eſtre ordonné en aucun cas, que ſur les concluſions de nos Procureurs gene-raux ou de leurs ſubſtituts, ou des procureurs des hauts-juſti-ciers; à peine de nullité du jugement qui ſeroit rendu à cet égard, & ſauf à y eſtre ſtatué de nouveau ſur leſdites conclu-ſions, ainſi qu'il appartiendra.

X I X.

DANS les cas mentionnez aux articles XII. XIII. XIV. & XVII. dans leſquels, par le fait du deffendeur, le rejet de ladite piece auroit eſté ordonné, il ſera permis au demandeur de prendre la voye du faux principal, ſans retardation néant-moins de l'inſtruction & du jugement de la conteſtation à laquelle ladite inſcription de faux eſtoit incidente, ſi ce n'eſt que par les juges il en ſoit autrement ordonné.

X X.

ET à l'égard des cas portez par l'article XV. & par les articles XXVII. & XXXVII. cy-après, où par le fait du demandeur, il auroit eſté ordonné, que ſans s'arreſter à la requeſte ou à l'inſcription en faux, il ſeroit paſſé outre à l'inſtruction ou au jugement de la cauſe ou du procès; ledit

demandeur ne pourra eftre reçû à former l'accufation de
faux principal, qu'après le jugement de ladite caufe, ou dudit
procès.

X X I.

LA diftinction portée par les deux articles precedens, n'aura
lieu à l'égard de nos Procureurs ou de ceux des hauts-jufticiers,
lefquels pourront en tout temps, & dans tous les cas, pour-
fuivre le faux principal, fi bon leur femble; fans que, fous ce
pretexte, il foit furfis à l'inftruction ou au jugement de la conteftation à laquelle l'infcription de faux eftoit incidente, fi
ce n'eft que fur leurs conclufions, & avec les parties intereffées
il en foit autrement ordonné.

X X I I.

L'ACCUSATION de faux principal, qui fera formée dans les
cas marquez par les trois articles precedens, foit à la requefte
du demandeur en faux incident, foit à la requefte de la partie
publique, fera portée dans la Cour ou jurifdiction qui avoit
efté faifie de la pourfuite du faux incident; pour eftre ladite
accufation de faux principal, inftruite & jugée par la Chambre,
ou par les juges à qui la connoiffance des matieres criminelles
eft attribuée dans ladite Cour ou jurifdiction.

X X I I I.

IL fera dreffé procès-verbal de l'eftat des pieces pretenduës
fauffes, trois jours après la fignification qui aura efté faite au
demandeur, au domicile de fon procureur, de la remife defdites pieces au greffe, ou trois jours après que le demandeur y
aura fait remettre lefdites pieces, fuivant ce qui eft porté par
l'article XIV.

X X I V.

S'IL a efté ordonné que les minutes defdites pieces feront
apportées, le procès-verbal fera dreffé conjointement, tant
defdites pieces, que des minutes; & le délay de trois jours ne
courra, audit cas, que du jour de la fignification qui fera faite
au demandeur, au domicile de fon procureur, de l'apport
defdites minutes au greffe, ou du jour que le demandeur les

y auroit fait apporter, fuivant l'article XVII. Laiſſons néantmoins à la prudence des juges, d'ordonner, fuivant l'exigence
des cas, qu'il fera dreſſé d'abord procès-verbal de l'eſtat deſdites
pieces, ſans attendre l'apport deſdites minutes; de l'eſtat deſquelles il fera, en ce cas, dreſſé procès-verbal ſeparement,
dans le délay cy-deſſus marqué.

X X V.

LE procès-verbal mentionné dans les articles precedens,
fera fait ſuivant ce qui eſt preſcrit par les articles X. & XI.
du titre du Faux principal, en y appellant néantmoins le
deffendeur outre le demandeur: & noſtre Procureur ou celuy
des hauts-juſticiers; & les pieces dont fera dreſſé procès-ver-
val, feront paraphées par ledit deffendeur, s'il peut ou veut
les parapher (ſinon il en fera fait mention) & pareillement
par le demandeur & autres dénommez auxdits articles, le tout
à peine de nullité: à l'effet de quoy ledit deffendeur fera
ſommé, par acte ſignifié au domicile de ſon procureur, de
comparoiſtre audit procès-verbal dans vingt-quatre heures; &
faute par luy d'y ſatisfaire, il fera donné défaut & paſſé outre
ſur le champ audit procès-verbal.

X X V I.

LE demandeur en faux, ou ſon conſeil, pourra prendre
communication en tout eſtat de cauſe, des pieces arguées de
faux, & ce, par les mains du greffier ou du rapporteur, ſans
déplacer & ſans retardation.

X X V I I.

LES moyens de faux feront mis au greffe par le demandeur, dans les trois jours après que le procès verbal aura eſté
dreſſé; ſinon le deffendeur pourra ſe pourvoir à l'audience
pour faire ordonner, s'il y eſchet, que le demandeur demeurera deſchû de ſon inſcription en faux: Voulons néantmoins
que lorſqu'il aura eſté fait deux procez-verbaux differens, l'un
de l'eſtat des pieces arguées de faux, & l'autre de l'eſtat des
minutes deſdites pieces, le délay de trois jours cy-deſſus marqué, ne courre que du jour que le dernier deſdits procez-
verbaux aura eſté fait.

XXVIII.

EN aucun cas il ne fera donné copie ni communication des moyens de faux au deffendeur.

XXIX.

SUR les conclufions de nos Procureurs ou de ceux des hauts-jufticiers, il fera rendu tel jugement qu'il appartiendra, pour admettre ou pour rejetter les moyens de faux, en tout ou en partie; ou pour ordonner, s'il y efchet, que lefdits moyens, ou aucuns d'iceux, demeureront joints, foit à l'incident de faux, fi quelques-uns defdits moyens ont efté admis, foit à la caufe ou au procès principal; le tout, felon la qualité defdits moyens, & l'exigence des cas.

XXX.

EN cas que lefdits moyens, ou aucuns d'iceux, foient jugez pertinens & admiffibles, le jugement portera qu'il en fera informé, tant par titres, que par tefmoins, comme auffi par experts & par comparaifon d'efcritures ou fignatures, le tout felon que le cas le requerra: fans qu'il puiffe eftre ordonné que les experts feront leur rapport fur les pieces pretenduës fauffes, ou qu'il fera procedé préalablement à la vérification d'icelles, ce que Nous deffendons à peine de nullité.

XXXI.

LES moyens de faux qui feront declarez pertinens & admiffibles, feront marquez expreffément dans le difpofitif du jugement qui permettra d'en informer, & ne fera informé d'aucuns autres moyens : Pourront néantmoins les experts faire les obfervations dépendantes de leur art, qu'ils jugeront à propos, fur les pieces pretenduës fauffes, fauf aux juges à y avoir tel égard que de raifon.

XXXII.

VOULONS au furplus que les difpofitions des articles VIII. & IX. du titre du faux principal, au fujet defdits experts, foient pareillement obfervées dans la pourfuite du faux incident.

XXXIII.

LES pieces de comparaifon feront fournies par le demandeur,

fans que celles qui feroient prefentées par le deffendeur puiffent eftre reçûës, fi ce n'eft du confentement du demandeur & de nos Procureurs, ou de ceux des hauts-jufticiers, le tout, à peine de nullité : fauf aux juges, après l'inftruction achevée, à ordonner, s'il y efchet, que ledit deffendeur fera reçû à fournir de nouvelles pieces de comparaifon, & ce, conformement à l'article XLVI. du titre du faux principal : feront obfervez au furplus les articles XIII. XIV. XV. & XVI. dudit titre, fur la qualité des pieces de comparaifon, & fur l'apport defdites pieces.

X X X I V.

LE procès-verbal de prefentation des pieces de comparaifon, fe fera en la forme prefcrite par les articles XVII. & XIX. du titre du Faux principal, en y appellant néantmoins le deffendeur, outre le demandeur & noftre procureur, ou celuy des hauts-jufticiers; & les pieces de comparaifon qui feront admifes, feront paraphées par ledit deffendeur, s'il peut ou veut les parapher (finon il en fera fait mention) comme auffi par le demandeur & autres dénommez auxdits articles, le tout à peine de nullité : à l'effet de quoy, le demandeur fera fommé de comparoiftre audit procès-verbal, dans trois jours, par acte fignifié au domicile de fon procureur; & faute par luy d'y fatisfaire, il fera donné défaut par le juge, & paffé outre à la prefentation des pieces de comparaifon, mefme à la reception d'icelles, s'il y efchet.

X X X V.

LORS dudit procès-verbal, les pieces de comparaifon feront reprefentées au deffendeur, s'il y comparoift, pour convenir defdites pieces, ou les contefter; fans que, pour raifon de ce, il luy foit donné délay ni confeil.

X X X V I.

S I les pieces de comparaifon font conteftées par le deffendeur, ou s'il refufe d'en convenir, le juge en fera mention, pour y eftre pourvû ainfi qu'il appartiendra, fur les conclufions de nos procureurs, ou de ceux des hauts-jufticiers, &

ce dans la forme prescrite par ledit article XIX. du titre du
Faux principal.

X X X V I I.

E N cas que les pieces de comparaison ne soient pas reçûës,
il sera ordonné que le demandeur en rapportera d'autres dans
le délay qui sera prescrit par le jugement qui interviendra sur
le vû du procès-verbal : & faute par le demandeur d'y avoir
satisfait, les juges ordonneront, s'il y eschet, que, sans s'arrester
à l'inscription de faux, il sera passé outre à l'instruction & au
jugement de la contestation principale : Laissons à leur prudence de l'ordonner ainsi, par le jugement mesme qui portera
que ledit demandeur sera tenu de fournir d'autres pieces de
comparaison.

X X X V I I I.

D A N S les procès-verbaux qui doivent estre faits en presence du demandeur & du deffendeur en faux, suivant ce qui
a esté dit cy-dessus, il sera permis à l'un & à l'autre d'y comparoistre par le porteur de leur procuration speciale : & sera
observé à cet égard le contenu aux articles LVII. & LVIII.
du titre du Faux principal. Pourront néantmoins les juges
ordonner, s'ils l'estiment à propros, que lesdites parties, ou
l'une d'elles, feront tenuës de comparoistre en personne audit
procès - verbal.

X X X I X.

E N procedant à l'audition des experts, la requeste à fin de
permission de s'inscrire en faux, & l'ordonnance ou jugement
intervenus sur icelle, l'acte d'inscription en faux, les pieces
pretenduës fausses, & le procès-verbal de l'estat d'icelles, les
moyens de faux, ensemble le jugement qui les aura admis, &
qui aura ordonné l'information par experts, les pieces de comparaison, lorsqu'il en aura esté fourni, le procès-verbal de
presentation d'icelles, & l'ordonnance ou le jugement par
lequel elles auront esté reçûës, seront remises à chacun des
experts, pour les examiner, sans déplacer : & sera en outre
observé tout ce qui est prescrit par les articles XXII. & XXIII.
du titre du Faux principal.

X L.

LORSQU'IL aura esté ordonné, aux termes de l'article XXX. du present titre, qu'il sera informé, tant par titres que par tefmoins, feront entendus les tefmoins qui auroient connoiffance de la fabrication, alteration, & en general de la fauffeté des pieces inscrites de faux, ou de faits qui pourroient fervir à en establir la preuve; à l'effet de quoy pourra estre permis, en tout estat de caufe, d'obtenir & faire publier monitoires.

X L I.

TOUTES les difpofitions des articles XXV. XXVI. XXVII. XXVIII. & XXIX. du titre du Faux principal, concernant la reprefentation des pieces y mentionnées auxdits tefmoins, le paraphe defdites pieces, & les actes dans lefquels on peut fuppléer à l'obmiffion de ladite reprefentation & dudit paraphe, fi l'on n'y a pas fatisfait lors de la dépofition defdits tefmoins, feront auffi executées dans le faux incident; & fi lefdits tefmoins reprefentent quelques pieces lors de leur dépofition, il fera obfervé ce qui eft prefcrit par l'article XL. du mefme titre.

X L I I.

LA difpofition de l'article XXX. dudit titre, aura lieu pareillement dans le faux incident, par rapport aux decrets qui pourront eftre prononcez, tant contre le deffendeur, que contre d'autres, encore qu'ils ne fuffent parties dans la caufe ou procès. Laiffons à la prudence des juges, lorfqu'il n'y aura point de charges fuffifantes pour decreter, d'ordonner que l'information fera jointe à la caufe ou au procès, ou de ftatuer ainfi qu'il appartiendra, fuivant l'exigence des cas.

X L I I I.

SERONT auffi obfervées dans le faux incident, les difpofitions des articles XXXI. XXXII. & XLI. du titre du Faux principal, concernant les pieces qui doivent eftre reprefentées aux accufez, & par eux paraphées lors de leurs interrogatoires, & celles qui ne doivent l'eftre qu'à la confrontation; comme auffi les pieces qu'ils reprefenteroient lors de leurfdits interrogatoires.

XLIV.

X L I V.

LE contenu aux articles XXXIII. XXXIV. XXXV. &
XXXVI. dudit titre, aura lieu pareillement dans le Faux
incident, tant par rapport au corps d'efcriture que le deffendeur en faux ou autre accufé fera tenu de faire, s'il eft ainfi
ordonné par les juges, que par rapport aux cas où ils peuvent
ordonner avant le reglement à l'extraordinaire, qu'il fera
entendu de nouveaux experts, ou qu'il fera fourni de nouvelles pieces de comparaifon.

X L V.

APRÈS le reglement à l'extraordinaire, lorfqu'il y aura lieu
de le donner, toute l'inftruction du faux incident fe fera en
la mefme forme que celle du faux principal, & ainfi qu'il eft
prefcrit par les articles XXXVII. XXXVIII. XXXIX. XL.
XLI. XLII. XLIII. XLIV. & XLV. du titre precedent de
la prefente ordonnance.

X L V I.

SI le deffendeur, ou autre accufé, demande qu'il luy foit
permis de fournir de nouvelles pieces de comparaifon, ou
qu'il foit entendu de nouveaux experts, il ne pourra y eftre
ftatué que dans le temps & ainfi qu'il eft prefcrit par les articles XLVI. XLVII. XLVIII. XLIX. L. LI. LII. LIII.
LIV. & LV. du titre du Faux principal. Sera auffi obfervé la
difpofition de l'article LVI. dudit titre, au fujet de ce qui
pourra eftre ordonné dans tous les cas où il auroit efté procedé
à une nouvelle information, foit fur de nouvelles pieces de
comparaifon, ou par de nouveaux experts.

X L V I I.

LORSQUE le faux incident aura efté jugé, après avoir efté
inftruit par recolement & confrontation, fera obfervé tout ce
qui eft prefcrit par les articles LIX. LX. LXI. & LXII. dudit
titre du Faux principal, concernant l'execution des fentences
& arrefts qui contiendroient, à l'égard des pieces declarées fauffes, quelqu'une des difpofitions mentionnées auxdits articles;
comme auffi ce qui eft porté par les articles LXIII. LXIV.

E

LXV. LXVI. LXVII. & LXVIII. dudit titre, fur la remife
ou le renvoy des pieces pretenduës fauffes, & autres dépofées
au greffe, & le temps auquel elles pourront en eftre retirées;
fi ce n'eft qu'il en ait efté autrement ordonné à l'égard de celles defdites pieces qui peuvent fervir au jugement de la conteftation à laquelle la pourfuite du faux étoit incidente.

X L V I I I.

LORSQU'IL n'y aura point eu de reglement à l'extraordinaire, les juges ftatuëront, ainfi qu'il appartiendra, fur la remife
ou le renvoy des pieces infcrites de faux, & autres qui auront
efté dépofées au greffe : ce qu'ils ne pourront faire, que fur
les conclufions de nos Procureurs, ou de ceux des hauts-jufticiers; fans néantmoins que les fentences des premiers juges
à cet égard, puiffent eftre executées au préjudice de l'appel
qui en feroit interjetté.

X L I X.

LE demandeur en faux, qui fuccombera, fera condamné
en une amende applicable, les deux tiers à Nous ou aux hauts-
jufticiers, & l'autre tiers à la partie; laquelle amende, y compris les fommes confignées lors de l'infcription en faux, fera
de trois cens livres dans nos Cours, ou aux Requeftes de noftre
hoftel & du Palais, de cent livres aux fieges qui reffortiffent
immediatement en nofdites Cours, & aux autres de foixante
livres: & feront lefdites amendes reglées fuivant la qualité de
la jurifdiction où l'infcription en faux aura efté formée, quoy-
qu'elle foit jugée dans une autre, mefme fuperieure à la premiere. Permettons à tous juges d'augmenter ladite amende,
ainfi qu'ils l'eftimeront à propos, fuivant l'éxigence des cas.

L.

La condamnation d'amende aura lieu toutes les fois que
l'infcription en faux ayant efté faite au greffe, le demandeur
s'en fera défifté volontairement, ou aura fuccombé, ou que les
parties auront efté mifes hors de Cour, foit par le deffaut de
moyens ou de preuves fuffifantes, foit faute d'avoir fatisfait,
de la part du demandeur, aux diligences & formalitez cy-

deſſus preſcrites; ce qui aura lieu en quelques termes que la prononciation ſoit conçûë, & encore que le jugement ne portaſt
pas expreſſement la condamnation d'amende; le tout, quand
meſme le demandeur offriroit de pourſuivre le faux comme
faux principal.

L I.

LA condamnation d'amende ne pourra avoir lieu, lorſque
la piece ou l'une des pieces arguées de faux, aura eſté declarée
fauſſe en tout ou en partie, ou lorſqu'elle aura eſté rejettée
de la cauſe ou du procès; comme auſſi lorſque la demande
à fin de s'inſcrire en faux, n'aura pas eſté admiſe, ou ſuivie
d'inſcription formée au greffe; & ce, de quelques termes que
les juges ſe ſoient ſervis pour rejetter ladite demande, ou pour
n'y avoir point d'égard: dans tous leſquels cas, la ſomme
conſignée par le demandeur, pour raiſon de ladite amende,
luy ſera renduë, quand meſme le jugement n'en ordonneroit
pas expreſſement la reſtitution.

L I I.

IL ne pourra eſtre rendu aucuns jugemens ſur la condamnation ou la reſtitution de l'amende, que ſur les concluſions
de nos Procureurs, ou de ceux des hauts-juſticiers; & aucunes
tranſactions, ſoit ſur l'accuſation de faux principal, ou ſur la
pourſuite du faux incident, ne pourront eſtre executées, ſi elles
n'ont eſté homologuées en juſtice, après avoir eſté communi-
quées à noſdits Procureurs, ou à ceux des hauts-juſticiers, leſquels pourront faire, à ce ſujet, telles requiſitions qu'ils jugeront à propos: & ſera le preſent article executé à peine de
nullité.

L I I I.

VOULONS au ſurplus, que les diſpoſitions de l'article LXIX.
du titre du Faux principal, ſur les expeditions des pieces qui
auront eſté dépoſées au greffe, ſoient pareillement executées
dans le Faux incident.

Titre de la Reconnoiſſance des Eſcritures & Signatures, en matiere criminelle.

ARTICLE PREMIER.

LES eſcritures & ſignatures privées, qui pourront ſervir à l'inſtruction & à la preuve de quelque crime que ce ſoit, ſeront repreſentées aux accuſez, après ſerment par eux preſté; & ils ſeront interpellez de declarer s'ils les ont eſcrites ou ſignées, ou s'ils les reconnoiſſent veritables: après quoy elles ſeront paraphées par le juge & par l'accuſé, s'il peut ou veut les parapher, ſinon en ſera fait mention: le tout, à peine de nullité.

I I.

LA repreſentation & interpellation mentionnées dans l'article precedent, pourront eſtre faites aux accuſez, ſoit lors de leurs interrogatoires, ou dans un procès-verbal qui ſera dreſſé à cet effet; & les pieces à eux repreſentées demeureront jointes à la procedure criminelle.

I I I.

SI l'accuſé convient avoir eſcrit ou ſigné leſdites pieces, ou ſi leſdites pieces eſtant d'une main eſtrangere, il les reconnoiſt veritables, elles feront foy contre luy, ſans qu'il en ſoit fait aucune vérification.

I V.

SI l'accuſé declare n'avoir eſcrit ou ſigné leſdites pieces, ou s'il refuſe de les reconnoiſtre, ou de reſpondre à cet égard, il ſera ordonné qu'elles ſeront vérifiées ſur pieces de comparaiſon; ce qui ſera pareillement ordonné, s'il y eſchet, à l'égard des accuſez qui ſeront en défaut ou contumace, encore que leſdites pieces n'ayent pû leur eſtre repreſentées.

V.

LE procès-verbal de preſentation des pieces de comparaiſon, ſera fait en preſence de nos Procureurs ou de ceux des hauts-juſticiers, enſemble de la partie civile, s'il y en a, & de l'accufé ; à l'effet de quoy, s'il eft dans les prifons, il fera amené par ordre du juge, pour affifter audit procès-verbal, fans aucune fommation ou fignification préalable : & pareillement il n'en fera fait aucune, lorfque l'accufé eftant abfent, la contumace aura efté inftruite contre luy.

V I.

S I l'accufé n'eft pas dans les prifons, & fi la contumace n'eft pas inftruite à fon égard, il fera fommé de comparoiftre audit procès-verbal, dans le délay porté par l'article V I. du titre du Faux principal ; à l'effet de quoy la fommation luy en fera faite par acte fignifié, dans la forme & aux lieux prefcrits par l'edit du mois de decembre 1680. concernant l'inftruction de la contumace : & faute par l'accufé d'y comparoiftre dans ledit délay, il fera paffé outre audit procès-verbal.

V I I.

E N procedant audit procès-verbal, lorfque l'accufé y fera prefent, les pieces de comparaifon luy feront reprefentées, pour en convenir ou les contefter, fans qu'il luy foit donné pour raifon de ce, délay ni confeil ; & celles qui feront admifes, feront par luy paraphées, s'il peut ou veut le faire, finon il en fera fait mention : & foit que ledit accufé foit prefent ou abfent lors dudit procès-verbal, les pieces qui feront reçûës, feront paraphées par le juge, noftre Procureur ou celuy des hauts-jufticiers, enfemble par la partie civile, fi elle peut & veut les parapher, finon, il en fera fait mention ; le tout à peine de nullité.

V I I I.

S E R A obfervé au furplus tout ce qui eft prefcrit au fujet des pieces de comparaifon, par les articles XII. XIII. XIV. XVI. XVII. & XIX. du titre du Faux principal, & par l'article XXXVI. du titre du Faux incident.

I X.

E N cas que les pieces de comparaifon ne foient point reçûës, la partie civile, s'il y en a, ou nos Procureurs, ou ceux des hauts-jufticiers, feront tenus d'en rapporter d'autres dans le délay qui fera preferit; autrement les juges ordonneront, s'il y efchet, qu'il fera paffé outre à l'inftruction & au jugement du procès: fauf, en cas qu'avant le jugement du procès, ladite partie civile ou la partie publique rapportent des pieces de comparaifon, à y eftre pourvû par les juges ainfi qu'il appartiendra.

X.

LES experts qui procederont à la vérification, feront nommez d'office, & entendus feparement, par forme de dépofition; fans qu'il puiffe eftre ordonné que lefdits experts feront préalablement leur rapport fur lefdites pieces, ce que Nous deffendons à peine de nullité: & fera obfervé par rapport auxdits experts, ce qui eft preferit par les articles VIII. & IX. du titre du Faux principal.

X I.

EN procedant à l'audition defdits experts, les pieces qu'il s'agira de vérifier, & le jugement qui en aura ordonné la vérification, les pieces de comparaifon, enfemble le procèsverbal de prefentation d'icelles, & l'ordonnance ou jugement par lequel elles auront efté reçûës, feront remifes à chacun defdits experts; & fera au furplus obfervé tout ce qui a efté reglé par l'article XXIII. du titre du Faux principal.

X I I.

POURRONT en outre eftre entendus comme tefmoins, ceux qui auront vû efcrire ou figner lefdites efcritures ou fignatures privées, ou qui auront connoiffance, en quelqu'autre maniere, des faits qui puiffent fervir à en eftablir la verité.

X I I I.

EN procedant à l'audition defdits tefmoins, lefdites efcritures ou fignatures privées leur feront reprefentées, & par eux paraphées, ainfi qu'il a efté ordonné pour les pieces pretenduës fauffes, par les articles XXV. & XXVI. du titre du Faux principal : & fera auffi obfervé tout ce qui eft porté par les articles XXVII. XXVIII. & XXIX. dudit titre, concernant la reprefentation des pieces y mentionnées, auxdits tefmoins,

le paraphe defdites pieces, & les actes dans lefquels on pourra
fuppléer à l'obmiffion de la reprefentation & du paraphe, foit
defdites efcritures ou fignatures privées, ou des autres pieces,
fi l'on n'y a pas fatisfait lors de la dépofition defdits tefmoins:
& s'ils reprefentent quelques pieces, lors de leur dépofition,
il fera obfervé ce qui eft prefcrit par l'article X L. du mefme
titre.

X I V.

Sur le vû de l'information, foit par par experts ou par
autres tefmoins, il fera décerné tel decret qu'il fera jugé à
propos, mefme contre d'autres que l'accufé, s'il y efchet, ou
fera rendu telle ordonnance qu'il appartiendra.

X V.

Seront au furplus obfervées les difpofitions des articles
XXXI. XXXII. & XLI. du titre du Faux principal, concernant les pieces qui doivent eftre reprefentées aux accufez, &
par eux paraphées lors de leurs interrogatoires, & celles qui
ne doivent l'eftre qu'à la confrontation; comme auffi les
pieces qu'ils reprefenteroient lors de leurfdits interrogatoires.

X V I.

Le contenu aux articles XXXIII. XXXIV. XXXV. &
XXXVI. dudit titre, fera pareillement executé, tant par rapport au corps d'efcriture que l'accufé fera tenu de faire, s'il
eft ainfi ordonné par les juges, que par rapport au cas où
ils pourront ordonner avant le reglement à l'extraordinaire,
qu'il fera entendu de nouveaux experts, ou qu'il fera fourni
de nouvelles pieces de comparaifon.

X V I I.

Lors du recolement & de la confrontation des experts
& autres tefmoins, ou du recolement des accufez, & de la
confrontation des uns aux autres, il fera obfervé ce qui eft
prefcrit par les articles XXXVII. XXXVIII. XXXIX. XL.
XLII. XLIII. XLIV. & XLV. du titre du Faux principal.

X V I I I.

Si l'accufé demande qu'il foit admis à fournir de nouvelles

pieces de comparaifon, ou qu'il foit entendu de nouveaux experts, il ne pourra y eftre ftatué que dans le temps, & ainfi qu'il eft prefcrit par les articles XLVI. XLVII. XLVIII. XLIX. L. LI. LII. LIII. LIV. & LV. dudit titre : Sera auffi obfervée la difpofition de l'article LVI. du mefme titre, au fujet de ce qui pourra eftre ordonné dans tous les cas où il auroit efté procedé à une nouvelle information, foit fur de nouvelles pieces, ou par de nouveaux experts.

X I X.

Toutes les difpofitions des articles LVII. LVIII. LIX. LX. LXI. LXII. LXIII. LXIV. LXV. LXVI. LXVII. LXVIII. & LXIX. du titre du Faux principal, concernant les procurations qui peuvent eftre données par la partie civile, l'execution des fentences & arrefts qui contiendroient les difpofitions mentionnées dans ledit article LIX. la remife ou le renvoy des pieces dépofées au greffe, & les expeditions qui pourront en eftre delivrées, feront executées par rapport auxdites écritures ou fignatures privées, ou autres pieces qui auroient fervi à l'inftruction.

X X.

Dans tous les délais prefcrits pour les procedures mentionnées au prefent titre, & aux deux precedens, ne feront compris le jour de l'affignation, ou fignification, ni celuy de l'efcheance : & à l'égard de ceux defdits délais feulement, qui ont efté fixez à trois jours ou au deffous, les jours feriez aufquels il n'eft pas d'ufage de faire des fignifications, n'y feront point comptez.

Voulons que la prefente Ordonnance, à compter du jour de la publication qui en fera faite, foit gardée & obfervée dans toute l'eftenduë de noftre royaume, terres & pays de noftre obeiffance, pour y tenir lieu à l'avenir des difpofitions contenuës dans les titres VIII. & IX. de l'ordonnance du mois d'Aouft 1670. auxquels à cet effet, nous avons dérogé & dérogeons, en tant que befoin feroit. Abrogeons parcillement toutes ordonnances, loix, couftumes, ftatuts, reglemens,

ftiles,

ftiles, & ufages differens, ou qui feroient contraires à noftre
prefente ordonnance ; fans néantmoins que les procedures qui
auroient efté faites avant fa publication , fuivant les regles efta-
blies par ladite ordonnance du mois d'aouft 1670. puiffent
eftre declarées nulles, fous pretexte qu'elles ne feroient pas
conformes à ce qui a efté ordonné de nouveau par les prefentes.

SI DONNONS EN MANDEMENT à nos amez & feaux les gens
tenans nos cours de Parlement, Grand-Confeil, chambres des
Comptes, cours des Aydes, Baillifs, Senefchaux, & tous autres
nos Officiers, que ces prefentes ils gardent, obfervent, entretiennent, faffent garder, obferver & entretenir ; & pour les
rendre notoires à nos fujets, les faffent lire, publier & regif-
trer : CAR TEL EST NOSTRE PLAISIR. Et afin que ce
foit chofe ferme & ftable à toûjours, Nous y avons fait mettre
noftre fcel. Donné à Verfailles, au mois de Juillet, l'an de
grace mil fept cens trente-fept, & de noftre regne le vingt-
deuxiéme. *Signé* LOUIS. *Et plus bas,* Par le Roy, PHELY-
PEAUX. *Vifa,* DAGUESSEAU. Et fcellé du grand fceau de cire
verte, en lacs de foye rouge & verte.

*Regiftrée, oüy, ce requerant le Procureur general du Roy, pour eftre
executée felon fa forme & teneur ; & copies collationnées, envoyées aux
Bailliages & Senefchauffées du reffort, pour y eftre luë, publiée & regiftrée : Enjoint aux fubftituts du Procureur general du Roy, d'y tenir la
main, & d'en certifier la Cour, dans un mois, fuivant l'arreft de ce jour.
A Paris, en Parlement, le onzieme Decembre mil fept cens trente-fept.*
Signé DUFRANC.

A PARIS, DE L'IMPRIMERIE ROYALE. 1737.

grandes & importantes confiderations, qui auront été jugées telles par Nous en notre Confeil.

II. On pourra évoquer du Chef des Parens ou Alliez en ligne directe, afcendante ou defcendante, même en collaterale, à l'égard de ceux qui reprefentent les Parens ou Alliez en ligne directe, comme oncles, grands-oncles, neveux & petits-neveux : le tout, en quelque degré qu'ils foient.

III. Il fera pareillement permis d'évoquer du Chef des Parens & Alliez en ligne collaterale, jufqu'au troifiéme degré inclufivement : & feront en ce cas, les degrez comptez en ligne tranfverfale, fçavoir, les freres & fœurs, beaux-freres & belles-fœurs, pour le premier degré ; les coufins germains, pour le fecond ; & les iffus de germains, pour le troifiéme.

IV. Et où il fe trouveroit des parentez ou alliances d'un degré plus proche à un degré plus éloigné, elles feront comptées fur le pied du degré le plus éloigné.

V. Les Alliez ne pourront être comptez au nombre de ceux du Chef defquels il fera permis d'évoquer, lorfque le mariage qui avoit produit l'alliance, ne fubfiftera plus, & qu'il n'y en aura point d'enfans exiftans lors de l'évocation.

VI. Lorfque l'Evoqué, & l'Officier du Chef duquel l'évocation fera demandée, fe trouveront avoir époufé les deux fœurs, ledit Officier ne pourra être compté au nombre des Alliez de l'Evoqué, qu'en cas que les deux mariages fubfiftent dans le tems de l'évocation, ou qu'il y ait des enfans de l'un defdits deux mariages, qui foient vivans audit temps, encore que les deux fœurs foient décedées, ou l'une d'elles.

VII. Lorfque la Partie évoquée fera du corps du Parlement dont l'évocation fera demandée, le nombre des Parens & Alliez aux degrez cy-deffus marquez, du chef defquelles on pourra évoquer, fera & demeurera fixé à l'avenir, fçavoir,

Pour le Parlement de Paris, au nombre de dix.

Pour les Parlemens de Touloufe, Bordeaux, Roüen & Bretagne, au nombre de fix.

Pour les Parlemens de Dijon, Grenoble, Aix, Pau, Metz & Befançon, au nombre de cinq.

Et lorfque la Partie évoquée ne fera pas du corps dont l'évocation fera demandée, le nombre defdits Parens & Alliez fera fixé.

Pour le Parlement de Paris, à celui de douze.

Pour ceux de Touloufe, Bordeaux, Roüen & Bretagne, au nombre de huit.

Et pour les Parlemens de Grenoble, Aix, Dijon, Pau, Metz & Befançon, au nombre de fix.

VIII. Le nombre des Parens & Alliez aux degrez cy-deffus marquez, du chef defquels on pourra évoquer de notre Grand-Confeil, demeurera fixé à quatre, pour ceux qui feront du corps, & à fix, pour ceux qui n'en feront pas.

IX. Les Procès & différends pendans en la Cour des Aydes de Paris, ne pourront en être évoquez que lorfque l'une des Parties, étant du corps, y aura quatre Parens & Alliez aux degrez cy-deffus marquez, ou que n'étant pas du corps, elle en aura fix.

X. Quant aux autres Cours des Aydes, l'évocation ne pourra avoir lieu que lorfque l'une des Parties fera du corps, & qu'elle y aura trois Parens ou Alliez aux degrez cy deffus marquez, ou que n'étant pas du corps, elle en aura quatre ; & le renvoy de l'affaire évoquée fera fait, dans le cas du prefent Article & du precedent, en une autre Cour des Aydes la plus proche, & non fufpecte, ainfi qu'il fera marqué par l'Article XXXV. cy-deffous.

XI. N'entendons comprendre dans les Articles precedens, fous le nom d'Officiers du Cops de nos Cours ou autres Compagnies, que ceux qui y auront féance & voix deliberative, enfemble nos Avocats & Procureurs Generaux: ce qui fera pareillement obfervé par rapport aux Officiers du chef defquels l'évocation fera demandée; & fans qu'elle puiffe avoir lieu, fous pretexte de parenté ou alliance avec d'autres Officiers que ceux qui font cy deffus mentionnez, encore qu'ils euffent le privilege d'être reputez Officiers du Corps, dans d'autres matieres

XII. Les Procès ou conteftations ne pourront être évoquez, fi dans le nombre de ceux dont les parentez ou alliances feront articulées, il n'y en a au moins les deux tiers qui foient titulaires, pourvûs & revêtus de leurs Offices.

XIII. Les Ducs & Pairs, les Confeillers d'honneur, & les Officiers honoraires ou veterans, en quelque nombre qu'ils foient, ne feront comptez que pour un tiers des parens neceffaires pour l'évocation; c'eft-à-dire, pour un feul parent dans les Cours où il en faut trois, quatre, ou cinq, pour évoquer; pour deux dans celles où il en faut fix, ou huit; pour trois, quand il en faut dix; & pour quatre quand il en faut douze.

XIV. Ne pourront les parentez & alliances des Ducs & Pairs, Confeillers d'honneur, & autres Officiers, qui, en vertu du même Titre, ont féance, non feulement en notre Parlement de Paris, mais en d'autres Compagnies, être articulées ni reçûës pour évoquer d'aucune defdites Cours, fi ce n'eft de notre Parlement de Paris.

XV. Les parentez & alliances des Maiftres des Requeftes ordinaires de notre Hôtel ne pourront être articulées ni reçûës pour évoquer d'aucune autre Cour que de notre Parlement de Paris, & de notre Grand-Confeil.

XVI. Il ne fera permis à aucune des Parties d'évoquer du chef de fes parens ou alliez, lorfqu'ils ne le feront pas auffi des autres Parties, ou de l'une d'elles; auquel cas fera obfervé ce qui eft porté par l'Article fuivant.

XVII. Les parentez ou alliances communes aux Parties, ne pourront donner lieu à l'évocation lorfqu'elles feront en égale degré, ou lorfque les parens ou alliez du chef defquels l'évocation fera demandée, le feront dans un degré plus proche de celui qui évoque, que des autres Parties, fans qu'en aucun cas il puiffe être fait aucune difference à cet égard, entre l'alliance & la parenté.

XVIII. En jugeant les évocations, on n'aura aucun égard aux parentez & alliances des Officiers qui feront decedez, ou qui fe feront démis de leur Office, ou dont l'intereft aura ceffé depuis l'évocation demandée, pourvû que la preuve en ait été rapportée avant le Jugement, fans néantmoins qu'en ce cas, l'Evoquant puiffe être condamné à aucune amende, ni aux dépens.

XIX. Voulons néantmoins que dans les cas où indépendamment du décès, de la démiffion, ou de la ceffation d'intereft des Officiers, du chef defquels l'évocation avoit été demandée, il fera jugé que l'affaire, par fa nature, ou par l'état de la conteftation, n'étoit pas fujette à l'évocation, comme auffi quand il fe trouvera que l'Officier decedé, ou qui fe fera démis, ou dont l'interêt aura ceffé, n'étoit ni parent ni allié de l'Evoqué, ou qui ne l'étoit pas à un des degrez cy-deffus marquez, l'Evoquant foit condamné en l'amende, & aux dépens.

XX. Aucune évocation ne fera accordée fur les parentez & alliances des Syndics ou Directeurs, Tuteurs ou Curateurs, ou autres Adminiftrateurs, ni pareillement

fur celles des membres des Corps ou Communautez ; pourvû que dans la contestation dont l'évocation fera demandée, les uns ni les autres ne foient parties en leur
nom, indépendamment de leurs qualitez cy deffus marquées, & pour un interest
perfonnel, diftinct & fepaté de celui des perfonnes qui font fous leur direction ou
adminiftration, ou defdits Corps & Communautez : auquel cas l'évocation ne pourra avoir lieu que pour les demandes & conteftations qui concerneront leurdit interêt perfonnel feulement, & non celui defdites perfonnes, Corps ou Communautez.

XXI. Les Caufes ou Procès, tant Civils que Criminels, pendans en nos Cours
des Aydes, qui concerneront les Droits de nos Fermes, & l'execution des Baux,
circonftances & dépendances, même tous Procès de nos Fermiers en nom col-
lectif, ou des Adjudicataires de nos Fermes contre leurs Commis, en matiére Civile ou Criminelle, ne pourront être évoquez fur les parentez & alliances des Officiers de nos Cours des Aydes, avec aucun des Intereffez en nofdites Fermes,
en quelque degré que ce foit; le tout, fans préjudice des évocations du chef de
ceux defdits Intereffez, ou de leurs Commis, qui feroient Parties en leur propre
& privé nom, & pour un interêt perfonnel autre que celui de nos Fermes.

XXII. Les affaires concernant notre Domaine ne pourront être évoquées, ni
pareillement celles des Pairies, où il s'agira du Titre ou de la proprieté de la Pairie,
ou des Droits qui en dépendent, quand le fonds defdits Droits fera contefté.

XXIII. Aucune évocation ne pourra être demandée du Chef des parens & alliez
de nos Procureurs Generaux, lorfqu'ils ne feront parties, que comme exerçant
le miniftere public.

XXIV. Ne pourront pareillement être évoquées les Caufes & Procès dont la
connoiffance appartient à nos Chambres des Eaux & Forêts, ou Tables de Marbre,
établies auprès de nos Cours de Parlement; & ce, de quelque nature que foient
lefdites affaires, & de quelque maniere que lefdites Chambres fe trouvent com-
pofées.

XXV. Les decrets, les pourfuites de criées, & les ordres, ne pourront être évoquez, ni pareillement les oppofitions aux faifies réelles, de quelque nature qu'elles
puiffent être, ni aucunes des conteftations qui pourront furvenir, foit à l'occafion
des Contrats d'union, de Direction, ou autres femblables entre les Créanciers &
leurs Débiteurs, foit au fujet defdits decrets & ordres.

XXVI. Voulons que s'il étoit fignifié aucunes cedules évocatoires dans les cas
portez par les quatre Articles precedens, il foit paffé outre par nos Cours à l'inftruction
& au Jugement des Caufes, Inftances ou Procès, fans avoir égard aufdites cedules
évocatoires, qui feront regardées comme nulles, & de nul effet.

XXVII. Les Caufes & Inftances où il s'agira de l'enterinement de Lettres de
Requefte Civile, ou de révifion, ou de demandes en execution d'Arrefts ou Jugemens en dernier reffort, ne pourront être évoquées par ceux qui auront été Parties aux Procès ou conteftations fur lefquels lefdits Arrefts ou Jugemens auront été
rendus, fi ce n'eft que depuis il ait été contracté quelque alliance, ou qu'il foit
furvenu quelque autre fait qui puiffe donner lieu à l'évocation.

XXVIII. Les caufes & les Procès dont la plaidoirie ou le rapport auront été
commencez, ne pourront être évoquez, fous pretexte de parentez ou alliances : &
lorfque l'affaire fera en cet état lors de l'évocation, l'Evoqué rapportera pour le
juftifier, fçavoir, à l'égard des Caufes d'Audience, un Certificat du Greffier,

portant que la Plaidoirie a été commencée ; & pour les Procès par écrit, un Arreſt ſur Requeſte, qui ſera rendu par la Chambre où le Procès ſera pendant, lequel portera que le rapport du Procès a été commencé; & en conſequence, ſur la ſimple Requeſte de l'évoqué, à laquelle ledit certificat ou ledit Arreſt ſera attaché, il ſera ordonné en notre Conſeil, qu'il ſera paſſé outre au jugement de la cauſe ou du Procès, & l'évoquant condamné à l'amende & aux dépens.

XXIX. L'évocation ne pourra être demandée par celui qui aura été reçû Partie intervenante en cauſe d'appel ſeulement, ni de ſon chef, ou de celui de ſes parens & alliés, ſi ce n'eſt que ſes droits n'euſſent pas encore été ouverts, & que lui ou ſes auteurs n'euſſent pû agir avant le jugement rendu en cauſe principale.

XXX. L'évocation de la demande principale ne pourra être demandée par celui, ou du chef de celui qui aura été aſſigné en garentie; ou pour voir declarer l'Arreſt commun ; ni pareillement du chef de ſes parens & alliés, qu'en cas que la cauſe, ſi l'affaire eſt à l'Audience, ait été miſe au rolle avec l'aſſigné en garentie, ou pour voir declarer l'Arreſt commun & les autres Parties, ou que le premier Acte pour venir plaider avec toutes les Parties, lui ait été ſignifié lorſque l'Audience ſera pourſuivie par Placet. Et ſi la demande principale a été appointée, l'évocation ne pourra avoir lieu qu'en cas que ladite demande en garentie, ou pour voir declarer l'Arreſt commun, ait été reglé par le même Arreſt, ou par un Arreſt de jonction; ſauf au Demandeur en garentie, à évoquer la conteſtation ſur la garentie ſeulement, auquel cas il pourra être paſſé outre au jugement de la demande principale.

XXXI. Ne pourra néantmoins l'Evocation de la demande principale eſtre admiſe, même dans les cas où elle peut avoir lieu ſuivant l'Article précedent, ſi la cédule évocatoire n'a été ſignifiée dans ſix ſemaines, à compter du jour que la Cauſe aura été miſe au Rolle avec l'aſſigné en garentie, ou pour voir declarer l'Arreſt commun, & les autres Parties, ou que le premier Acte pour venir plaider avec toutes les Parties, lui aura été ſignifié, ou du jour de la ſignification de l'Arreſt qui aura joint au principal la demande en garentie, ou pour voir declarer l'Arreſt commun; après leſquels délais, ladite évocation ne ſera plus reçûë. Voulons qu'en juſtifiant par la Partie évoquée, que leſdits délais étoient expirez le jour de la ſignification de la cedule évocatoire, il ſoit, ſur ſa ſimple Requeſte, rendu Arreſt en notre Conſeil, portant qu'il ſera paſſé outre au jugement de la Cauſe ou du Procès, comme on auroit pû faire avant la ſignification de ladite cédule évocatoire.

XXXII. Si dans ledit délai de ſix ſemaines, l'aſſigné en garentie, ou pour voir declarer l'Arreſt commun, étoit mis hors de cauſe, ou ſi le Demandeur étoit débouté de ſa demande en jonction deſdites demandes au Procès principal, ou qu'après avoir été jointes, elles euſſent été disjointes, par Arreſt contradictoire avant la ſignification de la cédule évocatoire, l'évocation ne pourra être demandée : Voulons que ſi, au préjudice de la preſente diſpoſition, il étoit ſignifié une cedule évocatoire, il ſoit accordé au Défendeur un Arreſt de notre Conſeil, ſuivant ce qui eſt porté par l'Article precedent.

XXXIII. Dans les cas où il y aura lieu à l'évocaion d'un Parlement à un autre, le renvoy ſera fait dans l'ordre ſuivant, ſçavoir,

De noſtre Parlement de Paris, à notre Grand-Conſeil, ou au Parlement de Roüen.

De notre Parlement de Roüen, à celui de Bretagne.

De notre Parlement de Bretagne, à celui de Bordeaux.

De notre Parlement de Bordeaux, à celui de Toulouse.

De notre Parlement de Pau, à celui de Bordeaux.

De notre Parlement de Toulouse, à celui de Pau, ou à celui d'Aix.

De notre Parlement d'Aix, à celui de Grenoble.

De notre Parlement de Grenoble, à celui de Dijon.

De notre Parlement de Dijon, à celui de Besançon.

De notre Parlement de Besançon, à celui de Metz.

De notre Parlement de Metz, à celui de Paris.

Et à l'égard des Causes & Procès qui seront évoqués de notre Grand-Conseil, le renvoy en sera fait en notredit Parlement de Paris.

XXXIV. Les Procès qui seront évoqués de nos Parlemens pourront être renvoyez en notre Grand-Conseil, quand les Parlemens plus proches seront valablement exceptés.

XXXV. Dans les cas où il y aura lieu à l'évocation d'une Cour des Aydes, ou d'un Parlement, ou autre Cour exerçant la même Jurisdiction, en une autre Cour semblable, le renvoi en sera fait dans l'ordre suivant, sçavoir,

De notre Cour des Aydes de Paris, à celle de Roüen ou de Clermont.

De celle de Roüen, au Parlement de Bretagne.

De celle de Clermont, à celle de Paris.

Du Parlement de Bretagne, à la Cour des Aydes de Bordeaux.

De celle de Bordeaux, à celle de Montauban.

De celle de Montauban, à celle de Montpellier.

Du Parlement de Pau, à la Cour des Aydes de Montpellier.

De celle de Montpellier, à celle d'Aix.

De celle d'Aix, au Parlement de Grenoble.

Du Parlement de Grenoble, au Parlement de Dijon.

Du Parlement de Dijon, à la Cour des Aydes de Dole.

De celle de Dole, au Parlement de Metz.

Et du Parlement de Metz, à la Cour des Aydes de Paris.

XXXVI. N'entendons préjudicier par les trois articles précedens, aux exceptions particulieres qui pourroient être proposées par les Parties, contre celles desdites Cours, ausquelles le renvoy doit être fait suivant lesdits Articles ; & en cas que lesdites exceptions soient jugées valables, Nous nous reservons d'ordonner dans notre Conseil le renvoy à une autre Cour non suspecte, ainsi qu'il appartiendra.

XXXVII. Les Parties qui pretendront évoquer sur parentez & alliances, seront tenuës de faire signifier au domicile du Procureur de la Partie évoquée, une cedule évocatoire contenant la qualité & l'état du Procès, les noms & surnoms des parens & alliez, & leur dégré de parenté & alliance, avec sommation de les reconnoître, & de consentir à l'évocation & au renvoy à celles des Cours qui sont marquées par les articles XXXIII. XXXIV. & XXXV. ci-dessus ; & en cas d'exception de ladite Cour, de la part de l'évoquant, il sera tenu d'en marquer les causes & moyens dans la cedule évocatoire, à peine de nullité.

XXXVIII. Défendons à tous Procureurs, de faire signifier aucunes cedules évocatoires pour raison de parentez & alliances, sans avoir une procuration sepeciale, passée à cet effet pardevant Notaires, & de laquelle il restera minute, dont ils seront tenus de joindre la copie à la signification desdites cedules évocatoires, ce

qui fera obfervé, à peine de nullité, foixante livres d'amende, dépens dommages & interefts, à quoi lefdits Procureurs feront condamnés en leur nom, fans
néanmoins que ladite procuration fpeciale foit neceffaire lorfque leurs Parties feront prefentes, & figneront avec eux l'original & la copie de la cedule évocatoire.

XXXIX. Voulons que faute d'avoir fatisfait aux formalités prefcrites par l'article precedent, il foit paffé outre par nos Cours, à linftruction & au jugement
des caufes & Procès qui y font pendans, nonobftant les cedules évocatoires qui
auroient été fignifiées.

XL. On ne pourra faire fignifier aucunes cedules évocatoires, quinzaine avant
la fin des Scéances de nos Cours, & de celles des femeftres, pour les Compagnies qui fervent par femeftre; & fi aucunes cedules évocatoires étoient fignifiées dans le cours de ladite quinzaine, il fera pareillement paffé outre, fans s'y
arrefter, à l'inftruction & au jugement des Caufes & Procès.

XLI. Le Deffendeur en évocation fera tenu, quinzaine après la fignification
de la cedule évocatoire, de reconnoiftre, ou dénier précifement les parentez &
alliances qui auront été articulées; & en cas que la Cour en laquelle le renvoy
doit être fait fuivant les articles XXXIII. XXXIV. & XXXV. ci-deffus, ou celle
qui aura été indiquée par la cedule évocatoire, lui foient fufpectes, il fera auffi
tenu de declarer fes caufes & moyens d'exception; & fera la reponfe dudit Défendeur pareillement fignifiée au domicile du Procureur du Demandeur en évocation, le tout fans préjudice audit Défendeur, d'alleguer tels autres moyens de
droit ou de fait contre l'évocation, qu'il avifera bon être.

XLII. Si le Demandeur en évocation ne fait pas fignifier fa reponfe dans le terme porté par l'article precedent, la fignification de la cedule évocatoire lui fera
réiterée dans la forme prefcrite par les Articles XXXVII. & XXXVIII. de la prefente Ordonnance; & faute d'y répondre quinzaine après la feconde fignification,
les faits feront tenus pour averez ou reconnus; & en confequence, les évocations
feront accordées pour celle de nos Cours, à laquelle le renvoy doit être fait fuivant les Articles XXXIII. XXXIV. & XXXV. ci deffus, fans que ledit Défendeur puiffe être reçû après ledit délai, à contefter lefdites évocations en aucun
cas, & fous quelque prétexte que ce foit.

XLIII. Et où ledit Défendeur auroit employé dans fa reponfe à la cedule évocatoire, des moyens indépendans des parentez & alliances articulées, fans avoir
précifément dénié lefdites parentez & alliances par ladite réponfe & dans lefdits
délais, elles feront regardées comme reconnuës, & il ne fera plus reçû à les contefter, fous quelque pretexte que ce puiffe être, fans préjudice néanmoins de fes
autres moyens contre ladite évocation, fur lefquels il fera ftatué en notre Confeil, ainfi qu'il appartiendra.

XLIV. L'évocation fera accordée, fi toutes les Parties confentent par écrit,
tant à ladite évocation, qu'au renvoy dans la même Cour.

XLV. Dans tous les cas où l'évocation doit avoir lieu fuivant les Articles ci-
deffus, foit par la reconnoiffance ou le filence du Défendeur, foit par le confen-
ment par écrit de toutes les Parties, l'évoquant fe pourvoira en notre Grande
Chancellerie, pour obtenir des lettres d'évocation confentie avec attribution de
Jurifdiction à la Cour à laquelle le renvoy devra être fait, ou aura été confenti,
ce que ledit Evoquant fera tenu de faire dans deux mois, pour les affaires pen-

dantes aux Parlemens & autres Cours de Languedoc, Guyenne, Grenoble, Aix, Pau, Befançon & Rennes, & dans un mois, pour les affaires pendantes aux Parlemens & autres Cours de Paris, Roüen, Dijon & Metz, le tout à compter du jour de la reconnoiffance des parentez & alliances, ou de l'expiration du terme dans lequel elles doivent être reconnuës ou déniées, fuivant ce qui eft porté ci-deffus, ou du confentement donné par écrit à l'Evocation & au renvoy; & feront lefdites Lettres d'Evocation confentie, expediées, en rapportant préalablement la cedule évocatoire, la réponfe à ladite cedule, fi aucune y a efté faite, ou le confentement par écrit des Parties, ou les fignifications dont les dates juftifieront que les délais ci-deffus prefcrits feront expirez, lefquelles pieces demeureront attachées fous le Contre-fcel defdites lettres.

XLVI. Faute par l'Evoquant d'avoir fatisfait à l'Article precedent, dans l'un ou l'autre des délais qui y font marquez, il fera loifible à l'Evoqué d'obtenir aux frais de l'Evoquant, des lettres d'Evocation confentie, lefquelles, audit cas, contiendront une claufe en forme d'executoire, pour la fomme qui fera reglée par lefdites lettres.

XLVII. Lorfque l'Evoqué aura contefté en tout ou en partie, le nombre & les dégrez des parentez & alliances articulées, l'Evoquant fera tenu, trois jours après la fignification de la réponfe du Deffendeur, contenant fa dénegation, de prefenter Requefte au premier Maiftre des Requeftes ordinaire de notre Hôtel, trouvé fur les lieux; finon, au premier, ou, en fon abfence, au plus ancien Officier du Bailliage ou de la Senechauffée du lieu où la Cour dont on voudra évoquer fera établie, aux fins de faire enquefte defdites parentez & alliances; à laquelle Requefte feront attachées la cedule évocatoire, la fignification qui en aura efté faite, & la réponfe du Deffendeur.

XLVIII. Ne fera fait preuve que des parentez & alliances qui auront efté déniées, & les autres demeureront pour reconnuës, fans qu'il foit befoin d'aucune autre preuve.

XLIX. L'Evoqué pourra faire faire de fa part une contr'enquefte; & feront obfervées dans la confection des enqueftes & contr'enqueftes, les formalités prefcrites par l'Ordonnance de 1667. au Titre des Enqueftes.

L. Pourront auffi les Parties fe faire interroger refpectivement fur faits & Articles communiquez, & ce, pardevant le Commiffaire ci-deffus nommé, le tout, fans retardation de la Procedure, & à la charge de fe conformer pour ce qui concerne lefdits interrogatoires, à ce qui eft prefcrit par le Titre X. de l'Ordonnance de 1667. à l'exception neanmoins de ce qui regarde l'affignation, pour répondre fur faits & articles; laquelle fera donnée dans le cas du prefent Article, au domicile du Procureur, fauf, en cas d'abfence de la Partie, à lui être accordé, s'il y échet, par le Commiffaire ci-deffus nommé, un délai competent pour répondre pardevant lui, ou autre Juge par lui commis, fur lefdits faits & Articles.

LI. Les Enqueftes, Contre-Enqueftes & Interrogatoires, feront faits dans quinzaine, à compter du jour que la réponfe du Deffendeur, contenant fa dénegation des parentez & alliances, aura été fignifiée, fans qu'après ce délai expiré, il puiffe être accordé aux Parties, qu'un feul renouvellement de délai, qui ne pourra être que de quinzaine, ni que pour proceder aux Enqueftes, Contre-Enqueftes, Interrogatoires fur faits & Articles, il foit befoin d'obtenir Lettres, Arrefts, ou autre permiffion que celle qui fera accordée par le Commiffaire.

LII.

LII. Défendons aux Parties de faire à l'occasion des cedules évocatoires, aucunes procedures, autres que celles qui sont cy-dessus marquées, & aux Juges mentionnez dans l'Article XLVII. de dresser à cette occasion aucun Procès verbal des dires & contestations des Parties, à peine de nullité, & de tous dépens, dommages & interests ; dérogeant, à cet effet, à tous usages contraires.

LIII. Soit que le Deffendeur à l'évocation, ait dénié les Parentez & Alliances, ainsi qu'il a esté dit cy-dessus, soit qu'en les contestant, ou même sans les contester, il ait soûtenu dans sa réponse à la cedule évocatoire, que l'affaire n'est pas sujette à l'évocation, la Partie la plus diligente pourra faire donner assignation à l'autre Partie en notre Conseil, dans les délais portez par l'Article XLV. sans attendre qu'il ait esté procedé à l'Enqueste ou à la contre-Enqueste, dans les cas où il échera d'en faire : & sera ladite assignation donnée au domicile du Procureur de la Partie assignée, par Exploit libellé, qui sera mis au bas de la copie de la cedule évocatoire, sans qu'il soit besoin d'Arrest, Lettres, ni autres Commissions ou permissions à cet effet ; & ce, nonobstant la disposition de l'Article VIII. du Titre des Adjournemens, de l'Ordonnance de 1667.

LIV. Si le Deffendeur n'a point soûtenu que l'affaire n'est pas sujette à l'évocation, ni que les Parentez & Alliances ayent esté mal articulées, & qu'il se soit réduit à proposer les exceptions contre la Cour où le renvoy est requis par la cedule évocatoire, ou contre celle où le renvoy doit être fait suivant les Articles XXXIII. XXXIV. & XXXV. cy-dessus ; il sera pareillement donné assignation en notre Conseil, ainsi qu'il est porté par l'Article precedent, pour y estre statué sur lesdites exceptions seulement, & sans qu'en ce cas ledit Deffendeur puisse être reçû à proposer d'autres moyens sur le fond de l'évocation.

LV. Dans les cas où il y aura lieu de faire des Enquêtes ou contre-Enquêtes, & après l'expiration des termes prescrits pour y proceder, voulons que sans attendre que les assignations mentionnées dans l'Article precedent, soient données ou échuës, les Evoquans soient tenus de faire apporter au Greffe du Conseil, les Enquêtes & autres procedures faites à leur Requeste, suivant ce qui a été dit cy-dessus, & ce dans un mois au plus tard, à compter du jour que le delai donné pour faire lesdites Enquestes & Procedures aura été expiré.

LVI. Faute par les Evoquans d'avoir fait apporter, dans lesdits délais, leurs Enquestes au Greffe du Conseil, les Evoquez pourront, huit jours après, obtenir la levée des deffenses, & faire débouter les Evoquans de leur évocation, par Arrest sur Requeste, en rapportant un Certificat du Greffier, portant qu'il n'a esté remis au Greffe du Conseil, aucune Enqueste ou autre procedure ; & en consequence dudit Arrest, toutes les assignations, si aucunes ont été données par l'Evoquant, demeureront nulles & de nul effet.

LVII. Les Evoquans ne seront reçûs à se pourvoir par voye d'opposition ni de restitution, contre les Arrests ainsi rendus.

LVIII. Après l'expiration des délais des assignations, s'il y a lieu d'instruire le Procès en notre Conseil, l'instruction sera faite sommairement, dans les formes prescrites par les Reglemens de notredit Conseil ; & les Parties qui auront laissé juger lesdits Procès par défaut ou congé, ne seront reçûës à se pourvoir par opposition ou restitution contre lesdits Arrests, sauf à les attaquer par la voye de la cassation, s'il y échet, dans les formes prescrites par ledit Reglement, & sans qu'elles puissent alleguer pour moyens de cassation, que lesdits Arrests ont été rendus par défaut ou par congé.

LIX. Les régles & formalitez cy-deſſus établies pour les évocations des affaires Civiles, auront lieu pareillement pour celles qui ſeront demandées en matiere Criminelle, lorſqu'il y aura une partie Civile, à l'exception néantmoins de ce qui ſera dit dans les Articles ſuivans.

LX. Les accuſez, contre leſquels il y aura un decret de priſe de corps ſubſiſtant & non purgé, ne pourront ſignifier aucune cedule évocatoire, ni s'en ſervir ſur quelque pretexte que ce ſoit, s'ils ne ſont actuellement en état dans les Priſons des Juges dont le decret eſt émané, ou dans celles de la Cour dont ils veulent évoquer; & il en ſera fait mention dans les cedules évocatoires, avec leſquelles il ſera donné copie de l'écrou, qui ſera atteſté par le Juge ordinaire des lieux, quand l'Accuſé ſe ſera remis dans d'autres Priſons que celles de la Cour d'où il prétend évoquer: ſeront pareillement tenus, leſdits Accuſez, de faire apparoir dudit écrou au Juge qui fera l'Enqueſte, en cas qu'il y ſoit procedé. Voulons que juſqu'à ce qu'ils ayent ſatisfait au contenu dans le preſent Article, il ne puiſſe être procedé à aucunes pourſuites ni procedures ſur l'évocation, & qu'il ſoit paſſé outre à l'inſtruction & au Jugement des Procès Criminels, ſans que les Accuſez puiſſent ſe pourvoir en notre Conſeil, par voye de caſſation ou autrement, contre les Arreſts, même définitifs, qui ſeroient intervenus ſur leſdits Procès, leſquels, audit cas, ne pourront être reputez attentatoires.

LXI. Les Procès Criminels ne pourront être évoquez du chef des Parens & Alliez de nos Procureurs Generaux, lorſqu'ils ne ſeront Parties que comme exerçant le miniſtere public.

LXII. Aucun Accuſé ne pourra évoquer du Chef des Parens ou Alliez de ceux qui ne ſeront point Parties au Procès, encore qu'ils fuſſent intereſſez à la punition du crime ou du délit.

LXIII. Ne pourront pareillement les Accuſez évoquer du Chef des Parens ou Alliez de leurs complices, ni du Chef des Parens & Alliez des Ceſſionnaires des intereſts Civils.

LXIV. Declarons nulles & de nul effet toutes les cedules évocatoires qui ſeroient ſignifiées dans quelqu'un des cas portez par les trois Articles precedens; Voulant, que ſans y avoir égard, il ſoit paſſé outre par nos Cours à l'inſtruction & au Jugement des Procès Criminels, comme avant la ſignification deſdites cedules évocatoires.

LXV. Dans les Procès Criminels qui pourront être ſujets à évocation, à cauſe des Parentez & Alliances de la Partie Civile, les Evoquans ſeront tenus de faire ſignifier à nos Procureurs Generaux, dans les Cours dont l'évocation ſera demandée, leurs cedules évocatoires; comme auſſi de leur faire faire une ſommation d'aſſiſter à l'Enqueſte, en cas qu'il y ſoit procedé, & de leur faire ſignifier ladite Enqueſte dès qu'elle ſera faite, le tout, à peine de nullité deſdites cedules évocatoires: Enjoignons à nos Procureurs Generaux d'envoyer à notre Chancelier, dans quinzaine du jour de la ſignification deſdites Enqueſtes, ou deſdites cedules évocatoires, dans les cas où il n'auroit eſté procedé à l'Enqueſte, leur conſentement auſdites évocations, ou leurs moyens pour les empêcher; le tout par forme d'avis, & ſans qu'ils puiſſent être aſſignez & rendus Parties dans leſdites inſtances d'évocation; & faute par eux d'envoyer ledit avis dans ledit délay, il y ſera pourvû par notre Conſeil, ainſi qu'il appartiendra.

LXVI. Les Lettres d'évocation conſentie, ne pourront pareillement être expediées, nonobſtant l'acquieſcement par écrit des Accuſez & des Parties Civiles, que ſur le vû du conſentement auſſi donné par écrit, de nos Procureurs Generaux, ou de leur avis, ſuivant ce qui eſt porté par l'Article precedent.

LXVII. L'inſtruction des Procez Criminels, dans les cas mêmes où ils peuvent être ſujets à l'évocation, ſera continuée juſqu'au Jugement définitif excluſivement ; nonobſtant toutes cedules évocatoires ſignifiées ; ce qui aura lieu pareillement pendant le cours de l'inſtance d'évocation, ſans que ladite inſtruction puiſſe être ſuſpenduë ni retardée, ni que les Procès Criminels puiſſent être civiliſez avant qu'il ait été ſtatué ſur l'évocation.

LXVIII. Aucun Officier de nos Cours étant du nombre de ceux qui ſont mentionnez en l'Article XI. de la preſente Ordonnance ne pourra eſtre reputé avoir fait ſon propre d'une Cauſe ou d'un Procès qui y ſera pendant, s'il n'a ſollicité les Juges de la Compagnie en perſonne, conſulté, & fourni aux frais de ladite Cauſe ou dudit Procès. Voulons que la Partie qui demandera à en faire la preuve, pour évoquer ſur ce fondement, du Chef dudit Officier, ne puiſſe y eſtre admiſe, ſi elle n'articule en même temps leſdites trois circonſtances dans ſa Requeſte ; & que ledit Officier ne puiſſe eſtre jugé avoir fait ſon fait propre de ladite affaire, ſi la preuve deſdites trois circonſtances n'eſt rapportée lors du Jugement de l'inſtance d'évocation.

LXIX. La demande à fin d'eſtre reçû à faire la preuve du fait propre ne pourra eſtre admiſe que par Arreſt rendu ſur Requeſte deliberée en notre Conſeil, ſans que nos Cours, où le Procès ſera pendant, puiſſent, ſous quelque pretexte que ce ſoit, accorder aucun déſai pour obtenir cet Arreſt ; ni que ſur la ſimple allegation du fait propre, il puiſſe eſtre ſignifié aucune cedule évocatoire du chef dudit Officier, avant que ledit Arreſt ait eſté obtenu, s'il y échet.

LXX. Seront énoncez dans ledit Arreſt, lorſqu'il y aura lieu de l'accorder, tous les faits articulez pour établir le fait propre, notamment les trois circonſtances marquées par l'Article LXVIII. & juſqu'à ce que ledit Arreſt ait été rendu & ſignifié avec ladite cedule évocatoire, nos Cours pourront paſſer outre à l'inſtruction & au Jugement du Procès.

LXXI. Lorſqu'il y aura lieu de recevoir l'allegation du fait propre, la preuve par témoins en ſera ordonnée ; & par le même Arreſt qui interviendra à cet effet, il ſera permis aux Parties qui ont intereſt d'empêcher l'évocation du Chef de l'Officier contre lequel le fait propre eſt allegué, de faire la preuve du contraire, ſi bon leur ſemble ; laquelle preuve pourra eſtre admiſe en faveur dudit Officier, pourvû qu'il preſente ſa Requeſte à notre Conſeil, dans le mois du jour de la ſignification faite à la Partie, de l'Arreſt qui aura ordonné la preuve dudit fait propre.

LXXII. Après la ſignification dudit Arreſt, enſemble de la cedule évocatoire du Chef dudit Officier, qui ſera ſignifié en même tems, à peine de nullité, toutes pourſuites & procedures ceſſeront dans la Cour où le Procès ſera pendant, ſi ce n'eſt dans les cas cy-deſſus marquez, où nos Cours peuvent paſſer outre à l'inſtruction & au Jugement du Procès, nonobſtant toutes cedules évocatoires.

LXXIII. Voulons que celui qui aura été admis à la preuve du fait propre, ſoit tenu de la rapporter, quand même ſa Partie Adverſe garderoit le ſilence, & ne dénieroit point les faits articulez par le demandeur ; lequel ne pourra eſtre diſpenſé d'en faire la preuve, qu'en cas que le deffendeur reconnoiſſe expreſſement par écrit la verité deſdits faits.

LXXIV. Lorfque le fait propre aura été prouvé, les mêmes régles & formalitez qui ont efté établies fur les évocations du Chef d'une Partie qui feroit Officier de la Cour, dont l'évocation eft demandée, & de fes Parens & Alliez, feront obfervées par rapport à l'évocation du Chef de celui dont le fait propre aura efté prouvé, & de fes Parens & Alliez.

LXXV. Dans tous les cas, autres que ceux où il eft permis de paffer outre à l'inftruction & au Jugement, nonobftant toutes fignifications de cedules évocatoires, fuivant ce qui eft porté par les Articles XXVI. XXXIX. XL. LX. LXIV. & LXX. cy-deffus, & par les Articles LXXVII. LXXVIII. & LXXX. cy-après, fi les procedures étoient continuées en matiere Civile, ou le Procès jugé définitivement en matiere Criminelle, au prejudice de la cedule évocatoire dûement fignifiée, il y fera pourvû en notredit Confeil, dans les formes ordinaires

LXXVI. Lorfque l'évocation aura efté demandée & acceptée par écrit de la part de toutes les Parties, auffi bien que le renvoy en une autre Cour, il ne leur fera plus permis de varier, & elles feront tenuës de proceder en celle de nos Cours dont elles feront convenuës.

LXXVII. Ceux qui auront efté déboutez de leur demande en évocation, par Arreft de notre Confeil, ou qui ayant feulement fait fignifier une cedule évocatoire, fe trouveront dans un des cas cy-deffus marquez, où il y a lieu de paffer outre nonobftant toutes cedules évocatoires, ne pourront en faire fignifier aucune autre dans la même affaire, & entre les mêmes Parties : faifons deffenfes à nos Cours d'avoir égard aufdites nouvelles cedules évocatoires, que Nous declarons nulles & de nul effet, voulant qu'il y foit paffé outre à l'inftruction & au Jugement, ainfi que nofdites Cours l'auroient pû faire avant la fignification defdites nouvelles cedules évocatoires ; pour raifon de quoy elles pourront condamner les Evoquans en l'amende telle qu'elle fera reglée cy-après, & en tous les dépens, dommages interefts.

LXXVIII. N'entendons néantmoins empêcher, que fi dans les affaires fufceptibles d'évocation, il étoit furvenu de nouvelles Parentez & Alliances à l'égard des mêmes Parties, ou de celles qui auroient efté depuis reçûës Parties intervenantes, il ne puiffe être fignifié une nouvelle cedule évocatoire, même de la part de la Partie qui aura fuccombé dans la premiere évocation : & feront nos Cours tenuës d'y déferer, pourvû que la nouvelle cedule évocatoire faffe mention expreffe des nouvelles Parentez & Alliances ; faute de quoi nofdites Cours pourront paffer outre à l'inftruction & au Jugement, ainfi qu'il a efté dit cy deffus.

LXXIX. L'Evoquant qui fuccombera en matiere Civile ou Criminelle, de quelque maniere ou en quelques termes que la prononciation foit conçûë, & pareillement celui qui fe défiftera de fon évocation, fans qu'il foit furvenu de nouveau aucune des Caufes portées en l'Article XVIII. de la prefente Ordonnance, feront condamnez en tous les dépens, en trois cens livres d'Amende envers Nous, & en cent cinquante livres envers la Partie, lefquelles Amendes ne pourront être remifes ni moderées.

LXXX. Lorfque le défiftement porté par l'Article precedent aura efté fignifié, avant qu'il y ait eu aucune affignation donnée en notre Confeil, en confequence de la cedule évocatoire, les dépens qui auront efté faits à cette occafion feront taxez par la Cour où le Procès fera pendant ; & l'amende portée par ledit Article fera cenfée encouruë en vertu de la prefente Ordonnance, fans qu'il foit rendu aucun Jugement ; & en consequence , elle sera employée dans ladite taxe, & il sera, audit cas, passé outre à l'instruction & au Jugement dudit Procès en ladite Cour , sans qu'il soit besoin d'obtenir aucunes Lettres ni Arrest.

LXXXI. En cas que ledit désistement n'ait esté signifié que depuis les assignations données en notre Conseil , sur l'évocation, lesdits dépens seront liquidez par l'Arrest de notredit Conseil , qui, en consequence du désistement, renvoyera les Parties en la Cour où le Procès sera pendant , pour y proceder comme avant la cedule évocatoire : lequel Arrest condamnera en outre l'Évoquant en l'amende portée par l'Article LXXIX.

LXXXII. Ceux qui voudront articuler le fait propre d'un des Officiers de nos Cours, ainsi qu'il a esté dit cy dessus, seront tenus de consigner préalablement la somme de cent cinquante livres, & d'en joindre la quittance à leur Requête ; deffendons à tous Avocats au Conseil, à peine d'être condamnez en cent livres d'amende, de signer de pareilles Requestes, à moins que ladite quittance n'y soit attachée : & en cas que la preuve du fait propre ne soit pas admise, ou qu'elle ne soit pas rapportée, ou qu'elle soit jugée insuffisante, le Demandeur sera condamné en quatre cens cinquante livres d'amende, y compris les cent cinquante livres consignées ; le tout applicable suivant l'Article LXXIX. & à tous les dépens, même en telles reparations, dommages & interests qu'il sera jugé necessaire, soit envers la Partie, ou à l'égard de l'Officier dont le fait propre aura esté allegué sans fondement.

LXXXIII. Voulons que les condamnations d'amende qui seront prononcées en notre Conseil, puissent être augmentées, notamment dans les cas de l'Article precedent, lorsque les Evoquans paroîtront mériter une condamnation plus rigoureuse pour indûë vexation.

LXXXIV. Le Receveur des Amendes ou du Domaine se chargera, comme dépositaire, & sans aucuns Droits ni frais, de celles qui auront esté consignées, sans qu'il puisse les employer en recette, jusqu'au Jugement définitif, après lequel elles seront renduës ou delivrées à qui il appartiendra.

LXXXV. Lorsque dans les Compagnies Semestres, ou dans nos Parlemens ou Cours des Aydes, qui sont composées de plusieurs Chambres , un de ceux qui ont une Cause ou un Procès pendant en l'un des Semestres ou en l'une des Chambres, y sera President ou Conseiller, ou que sans être Officier dans ledit Semestre ou dans ladite Chambre, il y aura son pere, beau-pere, fils, gendre, beau-fils, frere, beau-frere, oncle, neveu ou cousin germain, soit Presidens ou Conseillers, lesdites Causes ou Procez seront renvoyez en un autre Semestre, ou en une autre Chambre de la même Cour, sur la simple Requeste qui sera presentée en ladite Cour par le Demandeur en renvoy, après que la communication en aura esté donnée à l'autre Partie, pour y répondre dans trois jours ; & sur la réponse qui y sera faite, ou faute de la faire, il sera statué sur le renvoy dans les trois jours suivans ; ce qui aura lieu pareillement lorsque dans le même Semestre ou dans la même Chambre, une des Parties aura deux parens au troisiéme degré, ou trois, jusqu'au quatriéme inclusivement.

LXXXVI. Les dispositions de la presente Ordonnance, au sujet des Parens qui peuvent donner lieu à l'évocation de nos Cours, & des cas où il n'y aura lieu à l'évocation, seront pareillement observées pour les renvois d'un Semestre à un autre Semestre, ou d'une Chambre à une autre Chambre de la même Cour.

LXXXVIII. On ne pourra évoquer des Presidiaux, que dans les cas seulement où les Ordonnances les autorisent à juger en dernier ressort ; ausquels cas l'évocation pourra être demandée, si l'une des Parties est Officier dans le Presidial, ou si elle y a son pere, son fils, ou son frere, sans qu'aucun des Alliez ni aucun autre Parent puissent donner lieu à ladite évocation.

LXXXVIII. Ladite évocation sera demandée par une simple Requeste, qui sera signifiée à l'autre Partie, pour y être ensuite statué sans autre formalité, sauf l'appel au Parlement du Ressort ; & si ladite évocation se trouve bien fondée, la contestation sera renvoyée au plus prochain Presidial non suspect.

LXXXIX. Seront au surplus suivies & executées pour lesdites évocations des Presidiaux, toutes les Regles prescrites par la presente Ordonnance, soit sur ceux qui ne peuvent donner lieu à l'évocation, soit sur la nature des affaires qui se peuvent évoquer, soit sur les différens cas où les évocations ne peuvent être admises

XC. A l'égard des affaires qui ne sont pas de la nature à être jugées en dernier Ressort par les Presidiaux où elles auroient esté portées, ou qui seroient pendantes dans un simple Bailliage ou Sénéchaussée, ou Prevôté, & autre Siege inférieur, n'entendons empêcher que le renvoy n'en puisse être fait par nos Cours dans d'autres Jurisdictions, lorsque, par le nombre des Parens & Alliez de l'une des Parties, ou par d'autre circonstances, il y aura des suspicions qui seront jugées suffisantes ; ce que nous laissons à la prudence de nosdites Cours.

XCI. Lorsqu'à cause des partages des opinions, ou à cause des recusations, il ne restera pas dans les Compagnies Semestres un nombre suffisant de Juges, pour vuider le partage, ou pour juger le Procès, ledit partage ou le Jugement seront dévolus de plein droit au Semestre qui n'en aura pas connu ; lequel pourra s'assembler, même hors du tems ordinaire de son service, sans qu'il soit besoin d'obtenir nos Lettres à cet effet.

XCII. Les Causes & Procez évoquez seront jugez par les Cours ausquelles le renvoy en aura esté fait, suivant les Loix, Coûtumes & Usages des lieux d'où ils auront esté évoquez, à peine de nullité des Jugemens & Arrests qui seroient rendus au contraire ; pour raison de quoi les Parties pourront se pourvoir pardevers Nous en notre Conseil.

T I T R E I I.

Des Reglemens de Juges en matiere Civile.

A R T I C L E P R E M I E R.

Lorsque deux de nos Cours, ou deux Jurisdictions inferieures, indépendantes l'une de l'autre, & non ressortissantes en même Cour, seront saisies d'un même differend, les Parties pourront se pourvoir en Reglement de Juges ; & sur le vû des Exploits qui leur auront esté donnez dans lesdites Cours ou Jurisdictions, il leur sera expedié des Lettres en notre Chancellerie, portant permission de faire assigner les autres Parties en notre Conseil ; ou accordé un Arrest sur leur Requeste, par lequel il sera ordonné que ladite Requeste sera communiquée ausdites Parties, pour être statué sur le Reglement de Juges, ainsi qu'il appartiendra,

II. Lefdites Lettres, ou ledit Arreſt, pourront être accordez, encore que ce-luy qui les demande ne rapporte point d'Arreſt qui les décharge de l'aſſignation à lui donnée dans la Cour ou Juriſdiction qu'il décline.

III. Si néantmoins les délais de l'aſſignation donnée par ledit Demandeur en la Cour ou Juriſdiction qu'il pretend être competente, n'étoient pas encore expirez, lorſqu'il a obtenu & fait ſignifier leſdites Lettres ou ledit Arreſt, & que la Partie aſſignée déclare avant ladite ſignification, ou lors d'icelle, qu'elle conſent de proceder en ladite Cour ou Juriſdiction ; ledit Demandeur ne pourra repeter contr'elle les frais de l'obtention & ſignification deſdites Lettres, ou dudit Arreſt.

IV. Lorſque la même Partie aura eſté aſſignée à la Requeſte des deux autres Parties, dans deux differentes Cours, ou dans deux Juriſdictions de differens Reſſorts, pour la même conteſtation, elle ne pourra ſe pourvoir en Reglement de Juges qu'après avoir dénoncé auſdites Parties les pourſuites faites contre elles en differens Tribunaux, avec ſommation de les réünir dans un ſeul ; au moyen de laquelle dénonciation, & un mois après qu'elle aura eſté faite, elle pourra obte-nir des Lettres ou un Arreſt, pour former le Reglement de Juges.

V. Les Lettres ſeront rapportées au Sceau par les Maiſtres des Requeſtes or-dinaires de notre Hôtel, ou par les Grands Rapporteurs ; & il ſera fait mention du nom de celui qui les aura rapportées, lequel les ſignera en queuë, après qu'elles auront eſté accordées.

VI. Faiſons deffenſes à nos Secretaires de ſigner aucunes Lettres de Regle-ment de Juges, & de les preſenter au Sceau, ſi elles ne contiennent élection de domicile en la perſonne de l'un des Avocats en nos Conſeils, qui ſera chargé d'occuper pour l'Impetrant, à peine de nullité des Lettres, & d'être noſdits Sé-cretaires reſponſables en leur nom, de tous les dépens, dommages & intereſts des Parties ; laquelle élection de domicile ſera pareillement faite dans les Requêres preſentées pour former le Reglement de Juges par Arreſt : & ſeront leſdites Re-queſtes ſignées de l'Avocat qui ſe conſtituëra, le tout à peine de nullité.

VII. Les Lettres ou Arreſt qui introduiront le Reglement de Juges, feront mention des Aſſignations, ou des Jugemens ſur leſquels le conflict aura eſté for-mé : & ſeront leſdites pieces attachées ſous le contre-ſcel deſdites Lettres ou de la Commiſſion priſe ſur ledit Arreſt, pour en être laiſſé copie à la Partie : le tout, à peine de nullité.

VIII. Les Lettres, ou l'Arreſt, porteront clauſe de ſurſéance à toutes pour-ſuites & procedures, dans les Juriſdictions ſaiſies du different des Parties.

IX. Leſdites Lettres, ou ledit Arreſt, ſeront ſignifiez dans les délais cy-après marquez ; ſçavoir, de deux mois à l'égard des Parties domiciliées dans le Reſſort de nos Parlemens ou autres Cours de Languedoc, Pau, Guyenne, Aix, Gre-noble, Beſançon, Metz & Bretagne, ou Conſeils ſuperieurs de Rouſſillon & d'Alſace ; & d'un mois pour les Parties domiciliées dans les Reſſorts des Parlemens & autres Cours de Paris, Roüen, Dijon, Doüay, & Conſeil Provincial d'Artois, en ce qui concerne la Juriſdiction Criminelle dans les cas où il a droit de con-noître en dernier reſſort ; à la réſerve toutesfois des Parties domiciliées dans l'éten-duë de la Ville de Paris, ou dans les dix lieuës à la ronde, à l'égard deſquelles le délay de l'aſſignation ne ſera que de quinzaine.

X. Tous les délais marquez par l'Article precedent, courront du jour & datte des Lettres ou de l'Arreſt.

XI. En procedant à la fignification des Lettres en Reglement de Juges, celuy qui les aura obtenuës, fera tenu de faire donner affignation en notre Confeil par le même Exploit, & il en fera inferé une claufe expreffe dans lefdites Lettres; le tout, à peine de nullité.

XII. Lorfque le Reglement de Juges aura efté formé par Arreft, la fignification qui fera faite dudit Arreft dans les délais cy-deffus marquez, tiendra lieu d'affignation en notre Confeil; & en confequence les Parties feront tenuës d'y proceder en la maniere accoûtumée.

XIII. Faute par le Demandeur d'avoir fatisfait à ce qui eft porté par les quatre Articles precedens, il demeurera déchû de plein droit defdites Lettres, ou dudit Arreft, qui feront regardez comme non advenus; & les Parties contre lefquelles ils auront efté obtenus, pourront continuer leurs pourfuites dans le Tribunal qu'elles avoient faifi de leur conteftation, ainfi qu'elles l'auroient pû faire avant lefdites Lettres ou ledit Arreft, fans qu'il foit befoin de le faire ordonner ainfi par Arreft de notre Confeil.

XIV. Lorfque le Demandeur fe fera conformé à la difpofition defdits Articles IX. X. XI. & XII. toutes pourfuites demeureront furfifes dans toutes les Jurifdictions qui feront faifies des differends des Parties, à compter du jour de la fignification des Lettres ou de l'Arreft dans la forme cy-deffus marquée; & ladite furféance aura lieu, à peine de nullité, caffation des Procedures, foixante & quinze livres d'amende envers la Partie, & de tous dépens, dommages & interefts.

XV. En cas que le Demandeur en Reglement de Juges, fe trouve avoir fait quelques pourfuites ou procedures depuis la datte des Lettres ou de l'Arreft par luy obtenus pour l'introduire, & avant la fignification defdites Lettres ou dudit Arreft, le Deffendeur pourra, en tout eftat de caufe, fe pourvoir en notre Confeil pour en demander la nullité, & y fera ftatué fur fa Requefte, ainfi qu'il appartiendra.

XVI. N'entendons comprendre fous le nom des pourfuites & procedures mentionnées dans les deux Articles precedens, les Actes ou Procedures purement confervatoires, tels que les reprifes d'inftance, les faifies en vertu des Titres executoires, oppofitions aux decrets, fcellez ou autres Actes de pareilles nature & qualité, qui pourront être faits nonobftant la fignification des Lettres ou de l'Arreft qui auront introduit le Reglement de Juges, même pendant l'inftruction de l'inftance en notre Confeil; fans que la caffation en puiffe être demandée comme de procedures attentatoires.

XVII. Les Deffendeurs en Reglement de Juges pourront fe prefenter fans attendre l'échéance des délais, & proceder avec l'Avocat au Confeil nommé dans les Lettres ou dans l'Arreft, qui fera tenu d'occuper; & le prefent Article fera obfervé tant en matiere Civile, qu'en matiere Criminelle.

XVIII. Les Reglemens de Juges feront inftruits & jugez fommairement, en la forme prefcrite par les Reglemens, fur les procedures qui fe font en notre Confeil.

XIX. La Partie qui aura efté déboutée du declinatoire par elle propofé dans la Cour ou dans la Jurifdiction qu'elle pretendra être incompetente, & de fa demande en renvoy dans une autre Cour ou dans une Jurifdiction d'un autre Reffort, pourra fe pourvoir en notre Grande Chancellerie ou en notre Confeil, en rapportant le Jugement rendu contre elle, & les pieces juftificatives de fon de-

clinatoire;

clinatoire ; moyennant quoy il lui sera accordé des Lettres ou un Arrest, ainsi qu'il a esté dit cy-dessus.

XX. La disposition de l'Article precedent aura lieu, encore que sur l'appel interjetté par le Demandeur en declinatoire de la Sentence qui l'en a debouté, ladite Sentence eût esté confirmée par Arrest.

XXI. Lorsque sur le déclinatoire proposé par l'une des Parties, les premiers Juges se seront dépouillez de la connoissance de la contestation, le Deffendeur au déclinatoire ne pourra être reçû à se pourvoir en notre Conseil pour être réglé de Juges ; sauf à luy à interjetter appel de la Sentence qui aura eu égard au déclinatoire, ou à se pourvoir en notre Conseil contre l'Arrest qui l'aura confirmée. Voulons que l'appel de toutes Sentences renduës sur le declinatoire, soit porté immédiatement dans nos Cours, chacune dans son Ressort.

XXII. Les dispositions des Articles V. VI. VII. VIII. IX. X. XI. XII. XIII. XIV. XV. XVI. XVII. & XVIII. du present Titre, seront pareillement observées à l'égard des Lettres ou Arrests obtenus dans les cas de l'Article XIX. ensemble des poursuites, procedures & instructions qui se feront en consequence.

XXIII. Pour régler les conflicts de Jurisdiction qui se formeront entre nos Cours de Parlement & nos Cours des Aydes qui seront établies dans la même Ville, nos Avocats & nos Procureurs Generaux dans chacune desdites Cours, s'assembleront au Parquet de nosdites Cours de Parlement, tous les mois, à jours certains, ou plus souvent s'ils en sont requis, pour conferer & convenir sur la competence de l'une ou de l'autre Cour : & en consequence des résolutions qui seront prises entr'eux, sera donné Arrest dans la Cour qui sera jugée incompetente, sur l'avis de nos Avocats & Procureurs Generaux en ladite Cour, portant renvoy de la contestation en la Cour, qui sera jugée competente : & en cas de diversité, ils délivreront leur avis avec les motifs aux Parties, pour leur être fait droit sur le tout en notre Conseil, en la forme ordinaire ; ce qui sera pareillement observé en matiere Criminelle.

XXIV. Les conflicts de Jurisdiction qui se formeront entre des Cours qui ne sont pas établies dans la même Ville, ne pouvant se terminer par voye de conference entre nos Avocats & Procureurs Generaux des deux Compagnies, il y sera pourvû en notre Conseil ; à l'effet de quoy les Parties qui y seront interessées, pourront obtenir des Lettres ou un Arrest, pour y porter, & y faire instruire & juger leurs demandes en Reglement de Juges, ainsi & de la même maniere qu'il a esté réglé par les dix-neuf premiers Articles du present Titre.

XXV. Entendons néantmoins que dans tous les conflicts de Jurisdiction où il n'y aura point d'autres Parties que nos Procureurs Generaux, ils puissent envoyer, chacun de leur côté, un Memoire à notre Chancelier, avec les Piéces qu'ils jugeront à propos d'y joindre, pour soûtenir la competence de leurs Compagnies, sans être tenus d'obtenir des Lettres ou un Arrest pour introduire l'instance de Reglement de Juges en notre Conseil, ni de la poursuivre dans les formes ordinaires. Voulons qu'après que les Memoires par eux envoyez, & les Piéces qui y seront jointes, auront esté communiquez à chacun de nosdits Procureurs Generaux, & sur la réponse qu'ils y auront faite de part & d'autre, il soit rendu sans autre instruction, un Arrest en notre Conseil, par lequel l'affaire qui aura fait naître le conflict de Jurisdiction, sera renvoyée dans le Tribunal qui sera jugé competent pour en connoître.

XXVI. Les conflicts de Jurisdiction qui naîtront entre nos Cours de Parlement & les Sieges Presidiaux de leur Ressort, pour raison des cas que lesdits Sieges jugent sans appel suivant l'Edit de leur Création, seront jugez & réglez en notre Grand-Conseil; sans que, pour raison de ce, il puisse être formé aucun Reglement de Juges entre nos Parlemens & notre Grand-Conseil, ni que nosdits Parlemens puissent, au préjudice des commissions qui auront esté décernées par notre Grand-Conseil, prendre connoissance du differend des Parties, ni contrevenir aux Arrests rendus pour raison de ce, par le même Tribunal, à peine de nullité & cassation des procedures. Faisons deffenses aux Parties de faire audit cas, aucunes poursuites en nos Parlemens, ni se servir des Arrests qui y seront intervenus à cet égard, à peine de trois cens livres d'amende, applicable moitié à Nous, & l'autre moitié à la Partie.

XXVII. Les conflicts de Jurisdiction qui se formeront en matiere Civile ou Criminelle, entre les premiers Juges ressortissans en la même Cour, y seront réglez & jugez par voye d'appel, & sur les Conclusions de notre Procureur General en ladite Cour, ou sur la requisition qu'il pourra faire, lors même qu'il n'y aura point d'appel interjetté par les Parties; le tout, en observant les régles & formalitez en tel cas requises & accoûtumées.

XXVIII. Faisons au surplus très expresses inhibitions & deffenses à toutes nos Cours, de prononcer, ni faire executer aucunes condamnations d'amende, pour distraction ou transport de Jurisdiction, ni de souffrir qu'il en soit prononcé aucunes par les Juges qui leur sont subordonnez: le tout, à peine de nullité desdites condamnations, contraintes & procedures faites en consequence.

XXIX. Désirant néantmoins empêcher l'abus que plusieurs Parties font des instances de Reglement de Juges qu'elles introduisent en notre Conseil, ou ausquelles elles donnent lieu, dans la seule vûë d'éloigner le Jugement du fond de leur contestation, Voulons que ceux qui succomberont dans lesdites instances, puissent être condamnez en notre Conseil, s'il y échet, en la même amende & applicable de la même maniere, que les Evoquans qui succombent dans leurs demandes, suivant ce qui est porté par l'Article LXXIX. de notre presente Ordonnance, au Titre des évocations; & en outre aux dépens, dommages & interests de leurs Parties, laquelle amende pourra même être augmentée dans les cas qui le mériteront, ainsi qu'il sera jugé à propos en notre Conseil.

TITRE III.

Des Reglemens de Juges en matiere Criminelle.

ARTICLE PREMIER.

Le Reglement de Juges aura lieu en matiere Criminelle, lorsque deux de nos Cours, ou deux Jurisdictions indépendantes l'une de l'autre, & non ressortissantes en la même Cour, auront informé & decreté pour raison du même fait, contre les mêmes Parties.

II. Les Lettres ou Arrests de Reglement de Juges, porteront que l'instruction sera continuée en la Jurisdiction qui sera commise par lesdites Lettres ou Arrests, jusqu'à Jugement définitif exclusivement, en attendant que le Reglement de Juges ait été terminé & jugé; feront au furplus lefdites Lettres & Arrefts, expediez en la même forme & maniere, & avec les mêmes claufes qu'en matiere civile.

III. Ne pourront néanmoins les Accufés qui auront été déboutés des décli-natoires par eux propofés, fe pourvoir en Reglement de Juges, fi ce n'eft qu'il ait été informé & decreté pour le même fait, par une autre Cour ou Jurifdiction d'un autre reffort, le tout fans préjudice aufdits accufés, de fe pourvoir par les voyes de droit, contre les Arrefts ou Jugemens rendus en dernier reffort, qui les auront déboutés de leur déclinatoire; ce qu'ils pourront faire lors même qu'-aucune autre Jurifdiction n'aura informé & décreté contre eux pour le même fait.

IV. Aucunes Lettres ou Arrefts de Reglement de Juges ne feront accordés en matiere criminelle, aux accufés contre lefquels il y aura un décret de prife de de corps fubfiftant, s'ils ne font actuellement prifonniers dans les prifons des Ju-ges qui auront rendu les décrets, ou des Cours fuperieures aufdits Juges; & s'ils n'en rapportent l'écroue en bonne forme, & attefté par le Juge ordinaire des lieux, en cas que l'Accufé fe foit remis dans d'autres prifons que celles defdites Cours; lequel écroue fera fignifié aux PartiesCiviles, fi aucunes y a, ou à leurs Procureurs, & à nos Procureurs generaux ou à leurs Subftituts dans les Jurifdictions Royales dans lefquelles le Procès fera pendant, ou aux Procureurs des Hauts - Jufticiers dans la Juftice defquels ils feront pourfuivis, le tout à peine de nullité.

V. Ledit Acte d'écroue fera attaché fous le Contre-Scel defdits lettres en Ré-glement de Juges, ou de la Commiffion expediée fur l'Arreft, faute de quoy l'Accufé demeurera déchû de plein droit defdites Lettres ou Arreft, qui feront regardés comme non avenus, & il fera paffé outre à l'inftruction, & au jugement du Procès, comme avant icelles, fans qu'il foit befoin de le faire ordonner ainfi par Arreft de notre Confeil.

VI. La connoiffance des conflits de Jurifdiction qui naiftront entre les Lieu-tenans Criminels & les Prevofts des Maréchaux, pour fçavoir auquel defdits Of-ficiers la connoiffance d'un crime qui doit être jugé préfidialement ou prevoftale-ment, fera renvoyée pour être jugée en dernier reffort, appartiendra à notre Grand-Confeil, auquel nous faifons défenfes de faire expedier aucunes com-miffions, ni de donner Audience aux Accufés contre lefquels il y aura un dé-cret de prife de corps fubfiftant, à moins qu'ils ne foient actuellement en état, dans les prifons des Juges qui les auront décretez, ou dans celles dudit Grand-Confeil, & qu'il ne lui en ait apparu par des extraits tirez du Regiftre de la Geole, en bonne forme, atteftez & fignifiez ainfi qu'il a été dit ci-deffus dans l'Article IV. le tout à peine de nullité.

VII. Les difpofitions des Articles XVII. XVIII. XXIII. XXIV. XXV. XXVIII. & XXIX. du Titre précédent, feront pareillement obfervées à l'égard des Ré-glemens de Juges, qui fe formeront en matiere criminelle, & ils feront inf-truits & jugez en notre Confeil, en la même forme & maniere que les Réglemens de Juges en matiere civile.

Voulons que la prefente Ordonnance, à compter du jour de la publication qui en fera faite, foit gardée & obfervée dans toute l'étenduë de notre Royaume, Terres & Pays de notre obéïffance, pour y tenir lieu à l'avenir des difpofitions contenuës dans les Tittres I. II. & III. de l'Ordonnance du mois d'Aouft 1669. aufquels à cet effet, Nous avons dérogé & dérogeons, en tant que befoin feroit

Abrogeons pareillement toutes Ordonnances, Loix, Coûtumes, Statuts, Ré-
glemens, Stiles & Usages differens, & qui seroient contraires à notre presente
Ordonnance ; sans néanmoins que les Procedures qui auroient été faites avant sa
publication , suivant les regles établies par lesdits titres de l'Ordonnance du mois
d'Aouft 1669. puissent être declarées nulles , sous pretexte qu'elles ne seroient
pas conformes aux dispositions nouvelles des Presentes.

Si donnons en mandement à nos amez & feaux les gens tenans nos
Cours de Parlement, Grand-Conseil, Chambre des Comptes, Cours des Aydes, Baillifs, Senechaux, & tous autres autres nos Officiers, que ces Presentes
ils gardent, observent, entretiennent, fassent garder, observer & entretenir ;
& pour les rendre notoires à nos sujets, les fassent lire, publier & registrer : Car
tel est notre plaisir. Et afin que ce soit chose ferme & stable à toujours, Nous y
avons fait mettre notre Scel. Donne' à Versailles au mois d'Aouft , l'an de
grace mil sept cent trente-sept, & de notre Regne le vingt-deuxiéme. *Signé*, LOUIS.
Et plus bas, Par le Roy, PHELYPEAUX. *Visa* DAGUESSEAU. Et Scellé du
Grand Sceau de cire verte en lacs de soye rouge & verte.

Registré, oüi, & ce requerant le Procureur General du Roy , pour être executé selon sa
forme & teneur , & copies collationnées , envoyées aux Bailliages & Senechaussées du Ressort,
pour y être luë, publiée & registrée : Enjoint aux Substituts du Procureur General du Roy ,
d'y tenir la main , & d'en certifier la Cour dans un mois , suivant l'Arrest de ce jour. A Paris,
en Parlement , le onziéme Decembre mil sept cens trente-sept. Signé , DUFRANC.

A PARIS, chez P. PRAULT, Imprimeur des Fermes & Droits
du Roy, Quay de Gêvres, au Paradis. 1738.

9 782329 570525